Aspectos pedagógicos das atividades aquáticas

O selo DIALÓGICA da Editora InterSaberes faz referência às publicações que privilegiam uma linguagem na qual o autor dialoga com o leitor por meio de recursos textuais e visuais, o que torna o conteúdo muito mais dinâmico. São livros que criam um ambiente de interação com o leitor – seu universo cultural, social e de elaboração de conhecimentos –, possibilitando um real processo de interlocução para que a comunicação se efetive.

Aspectos pedagógicos das atividades aquáticas

Morgana Claudia da Silva

EDITORA intersaberes
Rua Clara Vendramin, 58 • Mossunguê • CEP 81200-170 • Curitiba • PR • Brasil
Fone: (41) 2106-4170 • www.intersaberes.com • editora@editoraintersaberes.com.br

Conselho editorial
Dr. Ivo José Both (presidente)
Dr.ª Elena Godoy
Dr. Neri dos Santos
Dr. Ulf Gregor Baranow

Editora-chefe
Lindsay Azambuja

Gerente editorial
Ariadne Nunes Wenger

Analista editorial
Ariel Martins

Preparação de originais
Maria Elenice Costa Dantas

Edição de texto
Osny Tavares
Palavra do Editor

Capa
Laís Galvão (*design*)
Microgen/Shutterstock (imagem)

Projeto gráfico
Luana Machado Amaro

Diagramação
Mango Design

Equipe de *design*
Luana Machado Amaro

Iconografia
Regina Claudia Cruz Prestes

Dados Internacionais de Catalogação na Publicação (CIP)
(Câmara Brasileira do Livro, SP, Brasil)

Silva, Morgana Claudia da
  Aspectos pedagógicos das atividades aquáticas/Morgana Claudia da Silva. Curitiba: InterSaberes, 2020. (Série Corpo em Movimento)

  Bibliografia.
  ISBN 978-85-227-0274-9

  1. Exercícios físicos aquáticos 2. Natação 3. Natação – Estudo e ensino 4. Natação – Treinamento I. Título. II. Série.

19-32180   CDD-797.21007

Índices para catálogo sistemático:
1. Natação: Ensino: Atividades aquáticas: Esporte   797.21007

Cibele Maria Dias – Bibliotecária – CRB-8/9427

1ª edição, 2020.

Foi feito o depósito legal.

Informamos que é de inteira responsabilidade da autora a emissão de conceitos.

Nenhuma parte desta publicação poderá ser reproduzida por qualquer meio ou forma sem a prévia autorização da Editora InterSaberes.

A violação dos direitos autorais é crime estabelecido na Lei n. 9.610/1998 e punido pelo art. 184 do Código Penal.

Sumário

Prefácio • 9
Organização didático-pedagógica • 11
Apresentação • 17

Capítulo 1
Mergulhando no campo das atividades aquáticas • 19

1.1 História da natação no contexto geral • 22
1.2 Relação da humanidade com a água ao longo dos períodos históricos • 26
1.3 Organização histórica e desenvolvimento da hidroginástica e do biribol • 31
1.4 Organização histórica da natação em águas abertas: travessias e maratonas • 34
1.5 Desenvolvimento histórico do nado artístico e dos saltos ornamentais • 35

Capítulo 2
Metodologias de aprendizagem: início das braçadas • 49

2.1 Processo de ensino-aprendizagem • 52
2.2 Estágios de desenvolvimento da aprendizagem • 56
2.3 Fatores que contribuem para a aprendizagem • 61
2.4 Aspectos psicomotores na aprendizagem da natação infantil • 63
2.5 Aspectos motores na aprendizagem do idoso • 67

Capítulo 3
Mergulhando no campo profissional da natação • 75
- 3.1 Campo de formação profissional: postura profissional nas atividades aquáticas • 78
- 3.2 Conceitos, aplicabilidade e intervenção da hidroginástica • 83
- 3.3 Aplicabilidade de jogos e brincadeiras na recreação aquática • 90
- 3.4 Organização e planificação de aulas: como fazer e por que fazer • 98
- 3.5 Modelos de aulas em atividades aquáticas • 101

Capítulo 4
Conhecendo os alunos • 109
- 4.1 Identificação dos alunos no campo de intervenção aquática • 112
- 4.2 Possibilidades de trabalho com bebês e crianças no meio aquático • 114
- 4.3 Possibilidades de trabalho com adolescentes e adultos no meio aquático • 124
- 4.4 Possibilidades de trabalho com idosos • 128
- 4.5 Natação máster em academias • 132

Capítulo 5
Aprendendo a ensinar: processo pedagógico dos nados *crawl* e costas • 141
- 5.1 Adaptação ao meio líquido e respiração no nado *crawl* • 144
- 5.2 Movimento de pernas e braços no nado *crawl* • 149
- 5.3 Movimento de pernas e braços no nado costas • 162
- 5.4 Aprendizado do nado *crawl* e costas elementar • 171
- 5.5 Saídas e viradas: *crawl* e costas • 179

Capítulo 6
Aprendendo a ensinar: processo pedagógico dos nados peito e borboleta • 195

6.1 Processo pedagógico do nado peito: aprendizagem da ação de pernas e braços • 198
6.2 Processo pedagógico do nado peito: aprendizagem da ação de coordenação de pernas, braços e respiração • 205
6.3 Processo pedagógico do nado borboleta: aprendizagem da ação de pernas e braços • 213
6.4 Processo pedagógico do nado borboleta: aprendizagem da coordenação de pernas, braços e respiração • 221
6.5 Saídas e viradas: nado peito e borboleta • 226
6.6 Nado *medley* • 232

Considerações finais • 239
Referências • 243
Bibliografia comentada • 261
Respostas • 265
Sobre a autora • 267

Prefácio

Brincando um pouquinho com o tema deste importante trabalho, a doutora Morgana nos induz "a um verdadeiro mergulho" no conhecimento das atividades aquáticas. Tive o prazer e a honra de ser seu colega de trabalho na Associação Cultural e Esportiva de Londrina (Acel), no Paraná, onde éramos parte da equipe técnica responsável pelo trabalho de natação, desde a aprendizagem até a equipe de competição. Havia também um grande time de nadadores máster. Respirávamos natação, portanto. Éramos uma equipe, e foi uma grande fase de nossa vida.

Após alguns anos, nossa Professora (e agora Doutora, todos com letra maiúscula, como deveria ser esse deferimento) muda-se para Foz do Iguaçu para iniciar sua carreira solo como treinadora de natação, confirmando sua competência ao levar seus pupilos aos degraus mais altos dos pódios, tanto no Brasil quanto em competições internacionais. Que orgulho! Tal como a carreira de treinador em outras modalidades esportivas, a formação de nadadores passa por momentos cíclicos. Dessa forma, nossa professora galga outros desafios e muda-se para Campo Mourão e, depois, para a UEL – Londrina, dedicando-se a ser acadêmica.

De pronto, dou uma dica aos afortunados que vierem a adquirir esta obra: tenham-no como um manual de consulta. Se você trabalha ou pretende trabalhar com natação e afins, sempre poderá recorrer a este livro em busca de opções para seu trabalho, ou o de sua equipe, tal é a riqueza de conteúdos que podem ser encontrados aqui.

Quando tive o prazer de lê-lo antecipadamente, vieram-se à mente as diversas possibilidades de trabalho que o meio aquático nos proporciona e o quanto essa atividade pode ser prazerosa e educativa para as pessoas de todas as idades. O prazer de estar em contato com a água pode despertar no recém-nascido e prosseguir até a maturidade. Poucas atividades são tão longevas.

A experiência sensório-motora aquática, se bem conduzida por nós, professores, torna nossos alunos pessoas melhores, mais saudáveis e, portanto, mais felizes. Não seria exagero afirmar que deixaremos uma marca positiva na vida das pessoas. Seremos lembrados por eles por toda a vida. Por isso, nosso investimento de horas e horas em estudos e pesquisas é feito com grande satisfação.

Agradeço à professora Morgana por sua contribuição à nossa paixão. Aos leitores desta obra, ressalto que, apesar de tantas mudanças ocorrendo no mundo, o conhecimento sempre terá espaço – e nunca deixará de ser uma necessidade.

Edson Luiz Lima

Mestre em Educação Física pela Universidade Estadual do Norte do Paraná. Atua há mais de 30 anos com atividades aquáticas, como professor de natação e técnico esportivo em escolinhas e clubes, entre outras atividades. Atualmente é proprietário e diretor técnico de uma academia na cidade de Ourinhos (SP). É criador do método Power natação.

Organização didático-pedagógica

Esta seção tem a finalidade de apresentar os recursos de aprendizagem utilizados no decorrer da obra, de modo a evidenciar os aspectos didático-pedagógicos que nortearam o planejamento do material e como o aluno/leitor pode tirar o melhor proveito dos conteúdos para seu aprendizado.

Introdução do capítulo

Logo na abertura do capítulo, informamos os temas de estudo e os objetivos de aprendizagem que serão nele abrangidos, fazendo considerações preliminares sobre as temáticas em foco.

Preste atenção!

Apresentamos informações complementares a respeito do assunto que está sendo tratado.

Importante!

Algumas das informações centrais para a compreensão da obra aparecem nesta seção. Aproveite para refletir sobre os conteúdos apresentados.

Curiosidade

Nestes boxes, apresentamos informações complementares e interessantes relacionadas aos assuntos expostos no capítulo.

Síntese

Ao final de cada capítulo, relacionamos as principais informações nele abordadas a fim de que você avalie as conclusões a que chegou, confirmando-as ou redefinindo-as.

Indicações culturais

Para ampliar seu repertório, indicamos conteúdos de diferentes naturezas que ensejam a reflexão sobre os assuntos estudados e contribuem para seu processo de aprendizagem.

Atividades de autoavaliação

Apresentamos estas questões objetivas para que você verifique o grau de assimilação dos conceitos examinados, motivando-se a progredir em seus estudos.

Atividades de aprendizagem

Aqui apresentamos questões que aproximam conhecimentos teóricos e práticos a fim de que você analise criticamente determinado assunto.

Bibliografia comentada

Nesta seção, comentamos algumas obras de referência para o estudo dos temas examinados ao longo do livro.

Apresentação

As discussões sobre qualidade de vida fazem parte de nosso cotidiano, sendo a atividade física apontada como uma das principais formas de promover o bem-estar físico e mental. Segundo uma pesquisa inclusa no Diagnóstico Nacional do Esporte (2013), 36,3% dos entrevistados apontam que a principal motivação para se exercitarem é justamente a melhora da qualidade de vida e o bem-estar. De acordo com Rezende (2013, p. 30), para que o indivíduo seja saudável, não basta estar "livre de doenças, mas a maneira que a pessoa procura viver, levando em conta alimentação saudável, higiene corporal e conscientização da Educação Física, entre outras ações que proporcionem bem-estar físico mental e social".

Ainda que tenhamos obrigações cada vez mais exigentes, como trabalho, estudos e família, a atividade física deve ser inserida em uma rotina de vida para criar um equilíbrio e fazer o indivíduo se sentir mais saudável. Entre as diversas modalidades esportivas, a natação se destaca como uma das mais completas e prazerosas. Médicos e pediatras apontam que a natação melhora a capacidade cardiorrespiratória, principalmente em bebês e crianças. Além de questões clínicas, podemos citar o lazer e a sociabilidade, especialmente importantes para adultos e idosos.

Este livro propõe um mergulho teórico nos mares e nas piscinas, para que você possa compreender a história e os fundamentos das modalidades aquáticas. Para os estudantes e jovens profissionais de educação física, buscamos apontar caminhos de atuação profissional. Para tal, vamos identificar como são nossos alunos, quais são suas características e como é o processo de ensino.

O grande desafio desta obra é que você, leitor ou leitora, consiga fazer a transposição do processo de ensino e organize sua prática com base nos conhecimentos apresentados. Você perceberá que entender os preceitos dessa atividade, quase tão antiga quanto a humanidade, é fundamental para obter bons resultados com seus alunos.

Vamos juntos dar essas braçadas!

Capítulo 1

Mergulhando no campo das atividades aquáticas

A **água** é um elemento fundamental para a sobrevivência do ser humano, sendo essencial para quase todas as funções de nosso corpo. Está presente a todo momento, em todos os contextos do nosso cotidiano. Dessa forma, é natural que a humanidade também visse nela um recurso de lazer. A natação, portanto, é a prática esportiva derivada dessa relação íntima entre a humanidade e a água.

Este capítulo apresentará a evolução histórica das atividades aquáticas. Apontaremos os principais momentos da história da natação e o desenvolvimento de modalidades que utilizam a água como elemento central.

Vamos distinguir as modalidades competitivas, divididas por distância e estilo de nado, além de tratar do nado sincronizado, dos saltos e das travessias e maratonas. Abordaremos, ainda, a hidroginástica e a atividade denominada *biribol*, criada no Brasil.

1.1 História da natação no contexto geral

A água é um elemento básico da vida na Terra. Grassi (2001) e Siqueira (2011) apontam que 71% da superfície terrestre é coberta por água. Desse total, cerca de 97,4% são de água salgada, e apenas 2,6% são de água doce, presente em lagos, rios, no interior de algumas rochas e no solo. Ressalte-se, ainda, que 1,8% da água de nosso planeta encontra-se em estado sólido, nas regiões polares.

A relação do homem com a água remonta aos primórdios da humanidade. A maioria das civilizações se desenvolveu nas proximidades de rios, lagos e oceanos. Nossa atração pelo meio líquido é natural, não apenas por necessidade física, mas também pela beleza e pela diversão proporcionada pelas piscinas naturais.

Também devemos nos lembrar da água como via de navegação. Desde a Pré-História, a locomoção fluvial ou marítima é uma solução para alcançar terras inexploradas, transportar alimentos, fugir de ameaças ou realizar manobras militares. O uso para o lazer e a higiene é tão antigo quanto. Podemos afirmar, portanto, que a civilização humana é produto da água.

Registros arqueológicos apontam para uma relação direta entre o homem e a água, principalmente por meio da natação. Catteau e Garoff (1990, p. 22) destacam que "muitos documentos relativos à arte de nadar sobreviveram aos séculos e às civilizações. Pinturas murais, baixos relevos, vasos ou fragmento [...] e toda uma literatura relatando a façanha dos nadadores". Há registros de piscinas de água quente datados de mais de 5 mil anos atrás, identificadas em figuras de baixo relevo em cavernas, que claramente representam pessoas realizando o gestual natatório. A Figura 1.1, a seguir, foi descoberta em um sítio arqueológico na Argélia. Segundo arqueólogos, essa pintura rupestre, datada do período neolítico (8000 a.C. a 5000 a.C.), representa um ser humano nadando.

Figura 1.1 Desenho rupestre *A arte de nadar*

Uma vez que os homens viviam próximo a rios e mares, a atividade de deslocar-se na água era comum, quase obrigatória. A principal teoria sobre o início da natação especula que o ser humano tenha começado a desenvolver suas técnicas a partir da observação dos animais. Segundo Velasco e Bernini (2011), os homens modificavam sua posição natural quando se deslocavam na água[1], tornando-se temporariamente quadrúpedes, pois perceberam que essa posição facilitava o deslocamento. Esta é a primeira particularidade: ao entrarmos na água, reorganizamos nossa postura e movimentos. O aprendizado da dinâmica corporal nesse meio é o que podemos chamar, de maneira introdutória, de *natação*.

Na Antiguidade, filósofos apontavam a água como um dos quatro elementos fundamentais da matéria, junto com o fogo, a terra e o ar. Esses elementos eram considerados símbolos de pureza (Fogaça, 2019). No período clássico da civilização grega, não saber nadar era tão vergonhoso quanto não saber ler. Em Atenas, era uma habilidade a ser desenvolvida pelos soldados, tanto para a guerra quanto para a formação como homem. Os espartanos deviam tomar banho diariamente, pela manhã, como forma de representar dignidade (Oliveira, 2015).

Desde o século IV a.C., os gregos utilizavam a água para tratamentos de saúde. Hipócrates (460 a.C. - 370 a.C.), considerado o pai da medicina, indicava a pacientes a técnica do banho de contraste, no qual o paciente se lava alternadamente com água quente e fria. Os banhos públicos eram um dos espaços de lazer e sociabilidade preferidos dos romanos, que os frequentavam também como tratamento médico. No Japão, as aulas de natação se tornaram item obrigatório da grade escolar a partir do século XVI, por deliberação do Imperador Go-Yousei (1586-1611).

No Ocidente, a prática passou a ganhar reconhecimento e popularidade somente a partir do século XIX (Bonacelli, 2004). As técnicas foram aprimoradas, surgindo diferentes estilos de natação. Foram criadas as principais regras para competições e a atividade se consolidou como esporte. A modalidade esteve

---

[1] Nesse início, estamos utilizando a expressão *deslocamento na água*, pois entendemos que o movimento de nadar, como técnica, surgirá mais à frente. Aqui trata-se do deslocar-se de um lado para o outro sem utilização de algum artifício que sustente o indivíduo ou sem colocar o pé no fundo.

presente desde os primeiros Jogos Olímpicos da Era Moderna, realizados na Grécia, em 1896. Inicialmente, eram três provas: 100, 500 e 1.200 metros livres, disputadas no mar.

Você provavelmente se lembra de diversas experiências em piscinas, rios, lagos e no mar. Quais sensações lhe vêm à mente? Suas memórias são positivas ou negativas? Como você costuma se sentir quando está em contato com a água? Guarde essas impressões, porque vamos usá-las para aprofundar nossa reflexão.

Ao entrar na água, você usou algum conhecimento técnico? Ou seja, você nadou ou brincou? E, mais tarde, ao estudar Educação Física (presumindo que você seja um acadêmico da área), quais conhecimentos passou a valorizar como essenciais para as atividades aquáticas? Para você, o que é *nadar*?

É muito provável que sejam lembranças prazerosas, que remetem a brincadeiras entre amigos e familiares. Para alguns, foi a primeira imersão na água, depois aprimorada em escolinhas ou em clubes de natação. Mas, afinal de contas, o que é nadar?

O primeiro conceito, conforme definição de dicionário, ressalta que *nadar* significa: "1. Sustentar-se e mover-se sobre a água por impulso próprio. 2. Conservar-se ou sustentar-se sobre a água; flutuar, boiar, sobrenadar. 3. Saber os preceitos e a prática da natação. 4. Estar imerso em um líquido" (Ferreira, 2010, p. 1448). Retiramos o segundo conceito de Saavedra, Escalante e Rodríguez (2003), para quem a natação é definida como uma habilidade que permite ao homem deslocar-se no meio líquido, vencendo resistências que se opõem ao seu avanço. Encontramos um terceiro conceito nos autores franceses Catteau e Garroff (1990). Para eles, o ato de nadar é a capacidade que o indivíduo possui para resolver qualquer contingência ao se deslocar pelo meio líquido. Os autores defendem que nadar deve ser livre de regras e técnicas, abrangendo, então, qualquer gesto motor que possibilite o deslocamento.

Atualmente, o termo *nadar* remete automaticamente a uma prática esportiva, seja o nadador um iniciante, um amador ou um atleta profissional. De forma mais restrita, aderente às regras ensinadas em escolas e clubes, a natação é praticada por meio de movimentos institucionalizados pela Federação Internacional de Natação (Fina).

Esses conceitos coincidem com suas reflexões? Se sim, parabéns! Caso contrário, não se preocupe. Todo esporte é um fenômeno amplo, no qual cabem muitas interpretações. Seguiremos em nossas reflexões, buscando sofisticar ainda mais nossa análise sobre a modalidade.

Indicações culturais

Para melhorar sua compreensão sobre a evolução da natação, sugerimos a leitura do texto indicado a seguir.

SAAVEDRA, J. M.; ESCALANTE, Y; RODRÍGUEZ F. A. La evolución de la natación. **EFDeportes**, Buenos Aires, ano 9, n. 66, nov. 2003.

1.2 Relação da humanidade com a água ao longo dos períodos históricos

Nesta seção, analisaremos a relação dos humanos com a água ao longo da história, percebendo como esse aspecto se modificou de forma a acompanhar as transformações culturais.

Na Antiguidade, a prática da natação se tornou um elemento importante na formação cultural. Para os gregos, era uma nobre capacidade corporal, de alto valor estético, parte de seu sistema educativo. Os filósofos Platão, Aristóteles, Ulisses, Diomedes, Secretas e Heráclito eram exímios nadadores. Sabemos que os gregos eram entusiastas da perfeição e da beleza (Jaeger, 2001).

A natação tinha dois objetivos: desenvolver um corpo harmonioso e forjar soldados vigorosos. Platão dizia que todo homem culto deve saber ler, escrever e nadar.

Entre 550 e 494 a.C., o Império Persa dominou desde o Rio Nilo até o Mar Vermelho (Carvalho, 2019). Uma de suas armas era a natação, praticada por uma divisão de soldados nadadores. Eles treinavam em águas abertas, a fim de conhecer os movimentos do mar e, dessa forma, atacar as embarcações.

Em Roma, a prática da natação também foi incluída no sistema educacional, sendo considerada parte da preparação física dos cidadãos. Segundo Bonacelli (2004, p. 75), "os romanos, por volta de 310 a.C., já tinham o hábito de nadar nos lagos e rios, mas foi durante o período Romano (27 a.C. a 476 d.C.) que surgiram as piscinas dentro das termas". Para eles, a prática da natação era uma questão de educação e saúde.

Mergulhadores egípcios realizavam demonstrações de evoluções subaquáticas para a Rainha Cleópatra, o que levou o General Marco Antônio a se interessar pela arte do mergulho. A Rainha Agripina, mãe do Imperador Nero, foi vítima de um naufrágio, porém sobreviveu. Aos 56 anos, graças à sua condição atlética obtida pela prática assídua da natação, nadou quase 100 quilômetros até chegar em terra firme.

As termas romanas foram consideradas as primeiras piscinas públicas, um ponto de encontro dos ricos comerciantes com os graduados oficiais militares. Os tanques de banho tinham peixes ornamentais e limo, de alegadas propriedades medicinais. Porém, com a queda do Império Romano, a natação quase desapareceu da cultura popular dessa região.

Os romanos radicados na Grécia tinham o hábito de nadar em rios e lagos. A partir do início do Império, em 27 a.C., começaram a surgir as primeiras piscinas em ginásios. Mais ao norte, para além das fronteiras da dominação romana, os povos germânicos tinham o hábito de mergulhar seus filhos em águas gélidas para que eles aumentassem seu poder de resistência (Fragomeni, 2017).

Na Idade Média, a natação se tornou mais restrita, sendo praticada principalmente pela nobreza. Ainda assim, uma pessoa que não soubesse nadar era considerada ignorante. Os nadadores mais hábeis em uma comunidade faziam as vezes de professores (Bonacelli, 2004).

Preste atenção!

Os romanos, quando queriam apontar que uma pessoa não tinha elegância e educação, diziam: "é tão ignorante que não sabe nem nadar". Na Grécia, havia a Lei 689 de Platão: "todo cidadão educado é aquele que sabe ler e nadar" (Damasceno, 1997, p.7).

O professor e militar espanhol Francisco Amorós y Ondeano (1770-1814) é considerado um dos fundadores da ginástica francesa. Ele defendia que os exercícios físicos deveriam auxiliar na formação geral do indivíduo e, também, na estética e percepção sensorial das crianças (Goellner, 1992). Segundo Soares (1998, p. 33), Amorós y Ondeano "associou o exercício físico como um meio de formação não somente físico, mas também estético e sensorial". Sua obra tratou de questões como a importância de nadar, o deslocamento no meio aquático, a defesa e o salvamento de pessoas no meio líquido. Para os militares, apontou a necessidade de saber nadar vestido e sem roupa, com ou sem fardos; manter-se submerso por um bom tempo e, principalmente, portando armas de fogo; além de carregar uma pessoa se afogando, sem ser arrastado por ela (Soares, 1998).

O Japão é pioneiro em competições de natação, organizadas naquele país desde o século XVIII. Porém, foi na Inglaterra, a partir do início do século XIX, que a natação começou a se popularizar como esporte. O país sediou as primeiras disputas internacionais da modalidade. A National Swimming Society reuniu 300 clubes e promoveu corridas de natação entre marinheiros de embarcações ancoradas em Londres. Os estilos mais utilizados eram o nado peito, o nado de lado e o nado costas. A corrida era uma desordem e, no final, sempre ocorriam apostas e brigas.

Preste atenção!

Maria Lenk é considerada a principal nadadora brasileira. Lenk nadou ao longo de toda a vida, tendo sido considerada pela Fina uma das dez melhores nadadoras máster do mundo, entre homens e mulheres. Ao longo da carreira, recebeu diversas outras homenagens, como ter nomeado o parque aquático construído para os Jogos Pan-Americanos do Rio de Janeiro, em 2007. Ela viria a falecer nesse mesmo ano, aos 92 anos, na piscina do Flamengo, durante uma sessão de treino.

Comentamos anteriormente que a primeira Olimpíada da Era Moderna foi realizada em 1896, em Atenas. A prova de natação ocorreu na Baía de Zea, ao longo da costa do Pireu. Nela, os participantes saltavam para disputa a partir de embarcações e nadavam em água corrente. Nessa Olimpíada, ainda não havia participação feminina.

No Brasil, a natação se tornou um esporte popular entre as classes mais altas desde o século XIX. Nos primeiros anos do século seguinte, foram realizadas as primeiras competições de nado do país.

Preste atenção!

Em razão da força que a natação vinha ganhando em suas competições, em 1908, durante a Olimpíada de Londres, foi fundada a Federação Internacional de Natação (Fina), que passou a organizar as provas de natação, nado sincronizado e saltos ornamentais.

A primeira participação do Brasil em jogos olímpicos ocorreu na Antuérpia, em 1920. A delegação, composta por 29 atletas, incluiu 5 nadadores, todos homens. Nos Jogos Olímpicos de 1932, em Los Angeles, Maria Lenk entrou para a história esportiva brasileira ao se tornar a primeira atleta feminina do país a disputar uma competição olímpica. Aos 17 anos, ela competiu nas provas dos 100 metros livres, 100 metros costas e 200 metros peito (Lenk, 1986). A jovem era considerada um prodígio. Entre seus feitos, estão as seguintes marcas:

- Foi a primeira nadadora a bater um recorde mundial para o Brasil.
- Foi a primeira nadadora a nadar o estilo borboleta.
- Foi a responsável pelo estabelecimento do nado sincronizado no Brasil.
- Bateu dois recordes mundiais.
- Está no *Hall* da Fama da Fina.

Valporto (2006) explica que Maria Lenk foi a única mulher presente na Olimpíadas de 1936, em Berlim. Contudo, com o cancelamento da Olimpíada de 1940 e 1944 em virtude da Segunda Guerra Mundial, a atleta sepultou seu sonho de participar novamente de uma competição olímpica. Técnicos da época acreditavam que, se as edições seguintes dos jogos tivessem sido realizadas, ela poderia ter batido algum recorde mundial no estilo peito.

Indicações culturais

O texto a seguir relembra os primórdios da natação na cidade do Rio de Janeiro, no século XIX, descrevendo o ambiente cultural que propiciou o desenvolvimento da modalidade, as competições e a fundação dos clubes.

MELO, V. A. Enfrentando os desafios do mar: a natação no Rio de Janeiro do século XIX (anos 1850-1890). **Revista História**, São Paulo, n. 172, p. 299-334, jan./jun. 2015.

1.3 Organização histórica e desenvolvimento da hidroginástica e do biribol

Passemos à evolução histórica da hidroginástica e do biribol, duas modalidades associadas à natação. A **hidroginástica**, segundo Kruel (1994), consiste em uma atividade alternativa para melhoria da condição física, que se constitui em exercícios realizados na água, tendo como base a resistência da água diante do corpo. Muito praticada atualmente, teve sua origem na Grécia Antiga. Como comentamos, a água é utilizada para tratamentos de saúde desde, pelo menos, 2400 a.C.. Porém, o conceito de hidroginástica surgiu somente na virada para o século XX, na Alemanha. O intuito foi desenvolver uma atividade física segura para idosos, com risco mínimo de lesões e também, prazerosa (Bonachela; Nogueira, 1995).

No século XVIII, os alemães já utilizavam banhos mornos para tratar espasmos musculares e relaxar pacientes. Na cidade de Edimburgo, médicos prescreviam banhos frios em pacientes febris. Documentos de 1830 descrevem um cidadão, chamado Vincent Pressnitz, que realizava exercícios intensos dentro da água fria. Ele acreditava que a prática rendia diversos benefícios ao corpo – uma tese que, à época, era considerada especulativa (Bonachela; Nogueira, 1995).

Os pesquisadores Wilhelm Winternitz, de Viena, William Wright e James Currie, estes de Liverpool, passaram a pesquisar as propriedades terapêuticas. Concluíram que os tecidos do corpo humano reagiam às diferentes temperaturas, de forma que a água poderia auxiliar no tratamento de algumas doenças (Bonachela; Nogueira, 1995). A hidroterapia começou então a ser prescrita como tratamento alternativo, primeiramente na Alemanha, em seguida nos Estados Unidos e na Inglaterra, de onde se espalhou para outros países. No Brasil, a prática chegou formatada em variantes como *hidropower*, *hidrofitness*, *aquanática*, *fitness* aquático, hidroaeróbica, hidroginástica, entre outras.

De acordo com autores como Sova (1993) e Barbosa (2000), a hidroginástica tem diferentes formatos, conforme os objetivos, meios e métodos de trabalho. É classificada como atividade física orientada para a melhoria da saúde, consistindo em exercícios na água com ou sem materiais didáticos específicos (Teixeira, 2010).

A diminuição do efeito da gravidade na água aumenta o potencial dos exercícios para fortalecimento muscular (Barbosa et al., 2000). Além disso, o uso da piscina propicia segurança ao praticante, sendo então especialmente recomendado a idosos. Várias pesquisas científicas demonstram a importância da hidroginástica entre esse público, principalmente por criar um ambiente de descontração e sociabilidade. Por isso, vários programas públicos de atividade física oferecem ginástica comunitária e hidroginástica para a terceira idade.

Continuamos dentro da piscina, mas abordando agora a criação de um esporte genuinamente brasileiro: o **biribol**. A modalidade foi inventada na cidade de Birigui, interior de São Paulo, pelo professor Dario Miguel Pedro, em meados de 1968. Consiste, basicamente, em um jogo adaptado do vôlei para ser disputado na água (Portal São Francisco, 2019a).

As regras oficiais da modalidade evidenciam as semelhanças com o vôlei. O jogo deve ser disputado em uma piscina de 4 m × 8 m, com 1,3 m de profundidade e rede com 2,62 m de altura. As duas equipes são compostas por quatro jogadores, que disputam uma partida de três ou cinco *sets* de 12 pontos. Para a prática desse esporte, os jogadores ficam em pé na piscina, com as mãos levantadas. Como os movimentos são simples e não é necessário saber nadar, o esporte tem se popularizado em clubes e escolas.

Preste atenção!

O biribol possibilita ao jogador realizar a mesma quantidade e variedade de movimentos de um jogador de voleibol, basquetebol, futebol ou mesmo de um nadador. Porém, a modalidade é menos cansativa e há menos risco de lesões.

O professor Dario Miguel Pedro criou esse esporte com o intuito de estimular os alunos a se exercitarem nas piscinas. Por ser jogado em uma piscina pequena e adaptada, o biribol passou a ser uma opção adicional de lazer nas aulas de natação (Esportesmais, 2019). Atualmente, é possível encontrar piscinas no formato oficial em *spas*, *resorts*, hotéis, acampamentos, clubes, academias e outros ambientes esportivos. É considerado um esporte multifuncional, que contribui para a melhoria da saúde do corpo e da mente, acalmando e diminuindo a ansiedade. Não apresenta qualquer restrição de idade ou condição física. Jogadores de diferentes perfis podem se mesclar em um mesmo time.

Como esporte competitivo, o biribol tem se expandido rapidamente. Alguns estados brasileiros já tem as próprias federações. A Liga Nacional de Biribol (LNB) está sediada em São Paulo. Além organizar competições, a entidade define as regras oficiais do jogo (Esportesmais, 2019). Desde o ano de 1999, promove a Copa Brasil de Biribol, na qual as equipes de Goiás, Tocantins, São Paulo e Rio de Janeiro costumam se destacar.

Indicações culturais

Para conhecer melhor as particularidades, os benefícios e as regras do biribol, sugerimos a leitura da página indicada a seguir.

PORTAL SÃO FRANCISCO. **Biribol**. Disponível em: <http://www.portal saofrancisco.com.br/esportes/biribol>. Acesso em: 25 maio 2019.

O artigo a seguir relata em detalhes os benefícios da hidroginástica para os idosos.

MATSUDO, S. M.; MATSUDO, V. K. R.; BARROS NETO, T. L. Efeitos benéficos da atividade física na aptidão física e mental durante o processo de envelhecimento. **Revista Brasileira de Atividade Física & Saúde**, v. 5, n. 2, p. 60-76, 2000.

1.4 Organização histórica da natação em águas abertas: travessias e maratonas

Um dos maiores desafios para os nadadores da Antiguidade era completar os percursos em rios, lagos ou mar aberto, não importando a distância. Para os gregos, o domínio das águas foi essencial para diversas vitórias em batalhas épicas. Por volta da segunda metade do século XIX, as travessias de águas naturais deixaram de ser apenas uma ação militar e passaram a ser reconhecidas como esporte aquático (Nicolini, 2001). As primeiras provas sobre águas abertas não eram, ainda, uma competição entre nadadores. O objetivo era realizar uma proeza tida como impossível para humanos, vencendo-se as dificuldades naturais do ambiente aquático e as limitações do corpo. Podemos, aliás, afirmar que a história da natação olímpica começa por essa modalidade. Lembremos que, na primeira edição dos jogos, as provas foram disputadas em águas naturais. A maratona é uma das poucas modalidades olímpicas que permitem a interação entre treinador e atleta durante a prova. Os treinadores ficam em pontões flutuantes e fornecem água aos atletas, além de instruções e estímulo.

As travessias e maratonas também são reguladas pela Fina, responsável ainda por organizar competições de diferentes distâncias, sendo a mais comum a de 10 km. A Confederação

Brasileira de Desportos Aquáticos (CBDA) considera como maratonas aquáticas as provas de 7,5 km e 10 km. As provas de 5 km são classificadas como meias maratonas (Nogueira, 2014; CBDA, 2018a).

Indicações culturais

Alexandre Strachan, do canal Vida de Jornalista, explica as modalidades de maratona aquática disputadas nos Jogos Olímpicos do Rio de Janeiro, em 2016.

STRACHAN, Alexandre. **Por dentro das Olimpíadas**: maratonas aquáticas. 19 jun. 2016. Disponível em: <https://www.youtube.com/watch?v=52JNBAL4OnQ>. Acesso em: 8 jul. 2019.

1.5 Desenvolvimento histórico do nado artístico e dos saltos ornamentais

Por fim, apresentaremos o contexto histórico do nado sincronizado e dos saltos ornamentais. O **nado sincronizado**, chamado atualmente de *nado artístico* (CBDA, 2018b), surgiu na virada do século XIX para o século XX. Alguns registros apontam, mais especificamente, para o ano de 1891 (Groll, 2011a). Não há consenso sobre sua origem. Acredita-se que foi derivado da natação artística, conhecida à época como *balé aquático*.

Atualmente, o esporte é praticado, em nível profissional, por mulheres. No entanto, foram os nadadores masculinos que começaram a realizar acrobacias na água. De acordo com Groll (2011a), a natação sincronizada surgiu em decorrência das acrobacias simples (movimentos rítmicos realizados na água), pois se usava música como fundo para as apresentações. A música fazia parte da natação rítmica (ou balé aquático), pois misturava passos de balé e ginástica dentro da água, para dar ritmo aos movimentos.

Drummond (2011, p. 7) afirma que o nado sincronizado "é uma modalidade que exige da atleta diferentes capacidades físicas e chama a atenção pela beleza, pelo controle respiratório e pela boa noção corporal necessárias para um bom desempenho".

Antes de o nado sincronizado se tornar uma modalidade esportiva, era apresentado, nos Estados Unidos, como espetáculo acrobático. Em 1907, em Nova York, a nadadora australiana Annette Kellerman, que também era atriz de teatro e cinema, apresentou uma dança em um tanque de vidro, realizando a primeira exibição de balé aquático. Além do ineditismo artístico, Annette também lançou moda ao vestir um maiô, traje considerado ousado para a época. Pelas décadas seguintes, a modalidade se popularizou em toda a Europa. A partir da década de 1930, começaram a surgir algumas competições desse esporte.

O nome *natação sincronizada* foi criado pelo nadador norte-americano Norman Ross, em 1934, por entender que o esporte combina elementos da natação, da ginástica rítmica e do balé (Groll, 2011a). Segundo Xavier, Bellido e Almeida (2013), a "divulgação midiática de esportes e eventos que ocorriam em ambiente aquático era crescente, principalmente nos Estados Unidos. Em 1945, Esther Williams divulga a natação sincronizada através do filme '*Bathing Beauties*'".

Preste atenção!

Os *shows* de natação sincronizada se tornaram muito populares nos Estados Unidos. Entre os artistas que mais atraíam a atenção do público, podemos citar Johnny Weissmuller, famoso por interpretar o Tarzan nos cinemas, e Eleanor Holm, medalhista de ouro olímpica.

Em 1939, o nado sincronizado passou a ser competitivo. A ideia partiu de Frank Havlicek, nadador do Wright Junior College, onde foram criadas as primeiras regras primárias (Jones;

Lindeman, 1975). Nos Jogos Olímpicos, o nado sincronizado foi apresentado pela primeira vez em Londres, em 1948, somente como demonstração. A Fina criou as regras oficiais em 1952. Três anos depois, o nado sincronizado estreou nos Jogos Pan-Americanos, realizados na Cidade do México. Foi inserido nas Olimpíadas a partir da edição de 1984, em Los Angeles. O esporte chegou ao Brasil em 1948, quando Maria Lenk passou a ensiná-lo a um grupo de alunas na Universidade do Brasil, hoje Universidade Federal do Rio de Janeiro (UFRJ).

Figura 1.2 Nado sincronizado

O nado sincronizado é uma das poucas modalidades esportivas em que as mulheres conseguiram romper a dominação masculina. Por serem mais leves, conseguiam realizar movimentos muito mais complexos que os homens, e com muito mais graça. Hoje, são hegemônicas. Não há competições masculinas profissionais de nado sincronizado, por exemplo.

As provas de nado sincronizado devem ser realizadas em uma área de 12 m × 12 m e 3 m de profundidade, em uma piscina olímpica de 50 m. As disputas são individuais ou entre duetos, trios, equipes ou combos. O objetivo da prova é realizar movimentos complexos e em sincronia, executados ao ritmo de uma música, sendo obrigatória a apresentação de uma coreografia (Groll, 2011a). De acordo com Drummond (2011, p. 10), o nado sincronizado exige "técnicas avançadas de habilidades aquáticas e requer força, resistência, flexibilidade, graciosidade, impressão artística, precisão de tempo, bom controle da respiração e boa noção corporal". Essas qualidades são avaliadas por juízes,

> numa escala de 0 a 10, sendo 50% de mérito artístico e 50% de mérito técnico. As provas dependem do nível da competição e da idade das atletas. As possíveis provas são a de figuras, de rotina livre e técnica. Nas rotinas técnica e livre são observadas pelos juízes a execução e dificuldade de braçadas, figuras e suas partes técnicas de propulsão e precisão nas formações, a sincronia entre as atletas e com a música. A coreografia é analisada de acordo com a variedade, criatividade, cobertura da piscina (preenchimento do espaço), formações e transições. O uso e interpretação da música também são avaliados. Penalidades são aplicadas na pontuação da rotina por violação das regras, interrupção da rotina etc. (Drummond, 2011, p. 10-11)

Os elementos da série são avaliados separadamente, conforme aponta Drummond (2011):

- Na execução dos braços, "é avaliada a altura, extensão (postura), manutenção da altura nas transições, precisão nos ângulos e energia nas marcações" (p. 11).
- Para o movimento das pernas, os avaliadores observam a "altura, extensão, manutenção da altura nas transições, precisão nos ângulos e energia nas marcações" (p. 11).
- Na avaliação geral da apresentação, são observados "a postura, linguagem corporal, foco, carisma e o total comando e segurança na realização da rotina. A sincronização é a capacidade de executar os movimentos conjuntamente com a música" (p. 11).

||| *Preste atenção!*

Alemanha, Suécia, Estados Unidos e China são considerados potências dos saltos ornamentais. Atualmente, a seleção nacional de maior destaque é a da China. Seu primeiro pódio foi conquistado em Los Angeles, em 1984. Nessa edição, a equipe ganhou três medalhas: uma de ouro, uma de prata e uma de bronze.

Desde 1º de agosto de 2017, o nado sincronizado passou a ser chamado de **"nado artístico"** pela Fina. De acordo com a CBDA (2018b), as categorias de nado artístico são:

- solos;
- duetos;
- duetos mistos;
- equipes;
- rotinas livre e combinadas;
- rotinas de destaques (*Highlight*).

Os **saltos ornamentais** representam outra modalidade associada à natação cujas origens remontam à Antiguidade. A prática de saltar na água "está registrada em murais pintados há cerca de 4 mil anos. Essas pinturas mostram povos babilônicos, caldeus e os antigos egípcios mergulhando de pontos elevados, com o objetivo de alcançar comida ou buscar tesouros no fundo do mar" (Brasil, 2016).

Os saltos ornamentais também eram utilizados para saudar deuses e curar as dores do corpo e do espírito. No entanto, seu desenvolvimento como esporte é moderno. Sae (2005, p. 18) conta que

> *foi na Europa, no final do século XIX, que realmente virou esporte, principalmente na Alemanha e Suécia, locais onde a ginástica era popular. As condições eram precárias e perigosas em comparação com as de hoje, uma vez que os competidores tinham de saltar de alturas vertiginosas,*

a partir de trampolins estreitos, comumente montados em estruturas pouco seguras, pois durante os verões a aparelhagem dos ginastas era transferida para a praia e montada em plataformas altas ou píeres para possibilitar a execução dos seus movimentos acima da água, assim improvisando. Atualmente, diferentemente do passado descrito acima, os trampolins estão sujeitos a uma regulamentação, e exige-se uma profundidade mínima de água em torno da piscina e da área do salto. As competições de SO foram oficializadas pela primeira vez nos Jogos Olímpicos de Saint Louis, em 1904, somente com provas masculinas, quando os EUA as venceram.

Ainda no século XIX, os saltos ornamentais se expandiram por cidades próximas ao Mar Báltico e ao Mar do Norte, na Europa. Na Inglaterra, os primeiros registros oficiais das provas de salto ornamental são de 1871. Os atletas usavam a ponte de Londres como plataforma de salto. No mesmo ano, foi fundada a primeira entidade europeia de saltos, a Amateur Diving Association.

Preste atenção!

Na Olimpíada de 1920, o atleta Adolpho Wellisch foi o único representante do Brasil nas competições de saltos ornamentais, tendo ficado em 7º lugar nos saltos em plataforma.

Nos Jogos Olímpicos, a modalidade estreou em 1904, na edição realizada na cidade de Saint Louis, Estados Unidos, com saltos de plataforma masculinos (Groll, 2011b). As mulheres foram incluídas nas competições a partir de 1912, em Estocolmo, na Suécia, inicialmente, apenas em saltos de plataforma. A partir dos Jogos Olímpicos da Antuérpia, na Bélgica, em 1920, também passaram a participar em saltos de trampolim.

Conforme a CBDA (2018d), as regras oficiais são aplicadas a competições de saltos em jogos olímpicos e campeonatos mundiais, copas mundiais de saltos e campeonatos mundiais de grupos por idade. Nos Jogos Olímpicos de Sidney, em 2000, a prova de salto sincronizado passou a fazer parte oficialmente do programa olímpico (Groll, 2011b) e, segundo Mezzadri (2019, p. 3), nessa edição dos jogos, "os Saltos Ornamentais ganharam mais duas provas para ambos os sexos. As categorias adicionadas são disputadas em duplas no trampolim e na plataforma de maneira sincronizada, totalizando oito provas na modalidade, condição mantida até hoje".

A prova consiste em saltar "de uma plataforma ou de um trampolim em direção à água, fazendo acrobacias diversas com o corpo, até mergulhar na piscina" (Groll, 2011c). O atleta deve projetar seu corpo no ar e controlá-lo durante a queda, executando manobras como giros e parafusos. Além de quesitos obrigatórios, os atletas precisam demonstrar força, flexibilidade, coordenação motora, coordenação neuromuscular e orientação espacial (Sae, 2005).

O salto é julgado com base em seis quesitos:

- destreza;
- simetria;
- criatividade;
- cadência dos movimentos executados;
- entrada na água;
- rigor na execução do salto.

No salto ornamental, as provas são realizadas em dois aparelhos (Groll, 2011c):

1. em trampolim de 3 metros; ou
2. em plataforma com estrutura de concreto recoberta com material antiderrapante, havendo três níveis de altura: 5 metros, 7,5 metros e 10 metros.

As regras oficiais da Fina determinam que, em provas individuais ou em duplas, os vencedores serão aqueles que conseguirem acumular a maior quantidade de pontos. Existe um formato de apresentação para cada categoria, de acordo com o quadro a seguir.

Quadro 1.1 Formato de competições

Tipo de prova	Sexo Feminino	Sexo Masculino
Trampolim 1 metro 3 metros	Deve conter cinco saltos de cinco grupos distintos, sem limite de grau de dificuldade. Um dos saltos deve ser selecionado de cada um dos grupos, além de um adicional, a ser selecionado de qualquer dos grupos.	Deve conter seis saltos de cinco grupos distintos, sem limite de grau de dificuldade. Um dos saltos deve ser selecionado de cada um dos grupos, além de um adicional, a ser selecionado de qualquer dos grupos.
Plataforma	Deve conter cinco saltos de grupos distintos, sem limite de grau de dificuldade.	Deve conter seis saltos de grupos distintos, sem limite de grau de dificuldade.
Salto sincronizado Dois competidores saltam simultaneamente do trampolim ou da plataforma. Em cada rodada, os dois saltadores devem realizar o mesmo salto (mesmo número e mesma posição).	Deve conter cinco rodadas de saltos, de cinco grupos distintos. O salto sincronizado é constituído por duas rodadas de saltos com grau de dificuldade 2.0 – definidos para cada salto, não importando a fórmula – e três rodadas de saltos, sem limite de grau de dificuldade. Todos os saltos de frente, no trampolim, devem ser executados com uma corrida de aproximação.	Deve conter seis rodadas de saltos, de cinco grupos distintos. O salto sincronizado é constituído por duas rodadas de saltos com grau de dificuldade 2.0 – definidos para cada salto, não importando a fórmula – e quatro rodadas de saltos, sem limite de grau de dificuldade. Todos os saltos de frente, no trampolim, deverão ser executados com uma corrida de aproximação.

Fonte: Elaborado com base em CBDA, 2018d, p.5-6.

Há, ainda, outras duas categorias de saltos:

- Saltos em equipes compostas por um saltador e uma saltadora:

D 3.7.3 Toda competição deve constar de seis (6) saltos diferentes dos seis (6) grupos distintos. Dois (2) saltos com grau de dificuldade 2.0 definidos para cada salto, não importando a fórmula, e quatro (4) saltos sem limite de grau de dificuldade.

D 3.7.4 Três (3) saltos devem ser executados pela saltadora e os outros três (3) saltos pelo saltador. Três (3) saltos devem ser executados do trampolim de 3 metros e os outros três (3) saltos da plataforma de 10 m. Cada competidor deve executar pelo menos um (1) salto do trampolim de 3 metros e um (1) salto da plataforma de 10 metros. (CBDA, 2018d, p. 6)

- Eventos mistos de saltos sincronizados:

D 3.8.2 Em todos os Eventos da FINA, as equipes devem ser compostas por dois (2) saltadores [um (1) saltador e uma (1) saltadora] da mesma Federação.

D 3.8.3 Toda competição de Sincronizado Misto em trampolins de 3 m e plataforma de 10 m deve constar de cinco (5) rodadas de saltos dos cinco (5) grupos.

D 3.8.4 Duas (2) rodadas de saltos com grau de dificuldade 2.0 definidos para cada salto, não importando a fórmula, e três (3) rodadas de saltos sem limite de grau de dificuldade. (CBDA, 2018d, p. 7)

Indicações culturais

A página da CBDA disponibiliza as regras oficiais de nado artístico para o quadriênio 2017-2021.

CBDA – Confederação Brasileira de Desportos Aquáticos. **Regras oficiais de nado artístico 2017-2021** (anteriormente chamado de "nado sincronizado"). Tradução de Mônica Rosas. 28 jun. 2018. Disponível em: <http://www.cbda.org.br/_uploads/nado/RegrasOficiaisNadoArtistico2017_2021.pdf>. Acesso em: 25 maio 2019a.

Síntese

A relação do homem com a água vem desde os primórdios da humanidade. Na Grécia, saber nadar era ato educacional e cultural, fazendo parte da preparação física e mental de soldados e cidadãos. Durante o século XIX, os ingleses criaram as primeiras regras para a prática da natação como esporte, bem como as primeiras competições. A natação foi incorporada ao programa olímpico desde sua primeira edição moderna, em 1896.

A Federação Internacional de Natação (Fina) é a responsável pela gestão mundial dos esportes aquáticos, sancionando regras e promovendo competições internacionais. Atualmente, a natação é um dos esportes mais praticados em escolas, clubes e academias, sendo reconhecida como importante atividade para a saúde e o lazer.

A hidroginástica surgiu na Alemanha, como atividade física voltada a pessoas idosas. Apresenta diversas variações e pode ser ofertada a grupos de diferentes idades. O biribol é um esporte criado no Brasil. Constitui-se em um tipo de voleibol na água. Há federações estaduais em alguns estados, além de uma liga nacional.

As provas competitivas em águas abertas começaram a ser disputadas por volta de 1875, na Inglaterra. A Fina passou a organizar maratonas e travessias em 1990, assumindo a organização dos eventos mundiais. O nado sincronizado surgiu na mesma época, primeiro como natação rítmica e, depois, como balé aquático. É uma categoria com hegemonia das mulheres e destaca-se pela graça, beleza e exigência técnica dos movimentos. Os saltos ornamentais também remontam ao século XIX. O atleta salta de trampolins flexíveis ou de uma plataforma e deve executar movimentos acrobáticos durante a queda.

Atividades de autoavaliação

1. Ao longo da história, percebemos uma relação direta entre o homem e a água. Como 71% da superfície terrestre é coberta por água, o ser humano desenvolveu técnicas para nadar. Entretanto, há diferenças entre estar na água e, efetivamente, nadar.

   Com base no contexto descrito, assinale a alternativa correta:
   a) A adaptação ao meio aquático é natural para o ser humano. Portanto, ele não precisa de técnicas específicas para nadar.
   b) Quando na água, o ser humano precisa reorganizar a postura e os movimentos. Por conta disso, um aprendizado técnico é fundamental para a natação.
   c) A forma como nos locomovemos em terra faz com que nos apropriemos dos movimentos. Nesse sentido, não é importante aprender técnicas para locomoção na água.
   d) A natação não é uma prática adaptável. Alguns aprendem; outros, não. As pessoas que aprendem a nadar o fazem por ter uma capacidade inata para a atividade.
   e) A locomoção na água é muito difícil de ser executada. Após duas ou três aulas, no entanto, os alunos conseguem vencer essa barreira.

2. O conceito de nadar não pode estar vinculado somente às competições esportivas, pois existem conceitos diferentes sobre essa atividade. Considere as seguintes definições de *natação*:
   I. Conservar-se ou sustentar-se sobre a água; flutuar; boiar; sobrenadar.
   II. Mover-se na água com base no estilo livre.
   III. Uma ação de autopropulsão e autossustentação na água, que o homem aprendeu por instinto ou observando os animais.

IV. Deslocar-se de um lado para o outro somente com apoio de algum material.

V. O poder que o indivíduo tem para resolver qualquer casualidade ao se deslocar.

São corretas apenas as definições:

a) I e III.
b) I, II e V.
c) I, III e V.
d) I, II, III, IV e V.
e) Nenhuma das definições.

3. Para os gregos, a natação servia para refinar elementos estéticos e de treinamento de guerra; para os romanos, saber nadar fazia parte do sistema educacional, constituindo uma ação de educação pública e condição de saúde.

Sobre esse contexto, analise as afirmações a seguir.

I. As termas romanas foram consideradas as primeiras piscinas públicas, tornando-se o ponto de encontro dos ricos comerciantes com os graduados oficiais militares.

II. Os romanos tinham o hábito de nadar em rios e lagos; porém, entre 27 a.C. e 476 d.C., surgiram as primeiras piscinas em ginásios. De acordo com a história, os povos germanos tinham o hábito de mergulhar seus filhos em águas gélidas para que eles aumentassem seu poder de resistência.

Acerca dessas afirmações, assinale a opção correta:

a) As duas afirmações são verdadeiras, e a segunda justifica a primeira.
b) As duas afirmações são verdadeiras, e a segunda não justifica a primeira.
c) As duas afirmações são falsas.
d) A primeira afirmação é falsa e a segunda, verdadeira.
e) A primeira afirmação é verdadeira e a segunda, falsa.

4. O conceito de hidroginástica surge no final do século XIX, na Alemanha. O intuito era:
   a) desenvolver uma atividade física segura para as pessoas que sabiam nadar.
   b) desenvolver uma atividade física em piscina rasa, para todas as pessoas que quisessem realizar a prática.
   c) desenvolver uma atividade física segura para idosos, com risco mínimo de lesões e de forma prazerosa.
   d) desenvolver uma atividade física para idosos que tivessem algum problema motor, pois a água ajuda na recuperação.
   e) desenvolver uma atividade física para idosos, porém só aqueles que sabiam nadar poderiam praticar.

5. Considere as afirmativas a seguir:
   I. Em 1908, a Fina passou a ser a organizadora oficial das competições de natação internacional.
   II. As termas romanas foram consideradas as primeiras piscinas públicas. Eram um ponto de encontro dos ricos comerciantes com os graduados oficiais militares
   III. O Japão é pioneiro em competições de natação, organizadas naquele país desde o século XVIII.
   IV. As travessias em águas abertas constituem provas que devem percorrer distâncias de 5 km e 10 km, nas quais os competidores participam divididos em homens e mulheres.
   V. Eventos não oficiais apresentam distâncias diferenciadas, as quais são organizadas de acordo com o local de realização, podendo ser travessias de 1, 2 ou 3 mil metros.

   Diante das alternativas apresentadas, é correto afirmar:
   a) Somente a afirmativa I está correta.
   b) Somente a afirmativa IV está incorreta.
   c) Somente as afirmativas I, II e V estão corretas.
   d) Somente as afirmativas I, II, III e V estão corretas.
   e) Todas as afirmativas estão corretas.

Atividades de aprendizagem

Questões para reflexão

1. Escolha três das modalidades apresentadas neste primeiro capítulo (hidroginástica, biribol, nado artístico, travessias, águas abertas e saltos ornamentais) e pergunte aos seus amigos o que eles sabem a respeito de cada uma delas. Em seguida, faça uma análise das informações, verificando quais pontos da fala dos colegas se aproximam do conteúdo do primeiro capítulo e quais se distanciam. Após essa etapa, reúna-se com mais cinco colegas de sua turma, apresentem o resultado das conversas e discutam o assunto.

2. Pergunte a um familiar como foram as experiências iniciais dele com a água. Indague se elas ocorreram no mar, na piscina, no lago ou em rios e se esses momentos constituem uma lembrança positiva ou negativa. Após essa conversa, transcreva o relato e faça uma análise sobre essas lembranças. Reúna-se com dois colegas da turma, apresentem os relatos um ao outro e discutam sobre as conclusões a que chegaram.

Atividade aplicada: prática

1. Converse com uma pessoa de terceira idade que faz aulas regulares de hidroginástica. Você deve perguntar há quanto tempo ela pratica, por que começou e quais benefícios ela percebeu para seu corpo e sua mente. Em seguida, compare as respostas com a análise da modalidade apresentada neste capítulo.

Capítulo 2

Metodologias de aprendizagem: início das braçadas

Neste capítulo, vamos tratar das metodologias que embasam o início do ensino da natação. Analisaremos o processo de ensino e aprendizagem, diferenciando seus estágios de desenvolvimento. Destacaremos os principais fatores que contribuem para a aprendizagem da natação por crianças e os aspectos motores específicos para o idoso.

A intenção é estabelecer um diálogo entre os processos de ensino e a prática pedagógica nas piscinas. Veremos que o professor também deve colaborar para a educação geral de seu aluno, porém o que norteia o ensino está ancorado no aprendizado do gestual motor.

2.1 Processo de ensino-aprendizagem

De acordo com Paulo Freire (1996), não há possibilidade de o ensino ocorrer sem aprendizagem, ou seja, ensina-se apenas quando o aluno reconhece que aprendeu. Esse ensino, entretanto, pode ser formal ou informal. A educação informal ocorre na rua, em casa, em nossas relações cotidianas; a formal, principalmente na escola. Trata-se da trajetória curricular do indivíduo.

Preste atenção!

Paulo Freire foi um pedagogo, educador e filósofo brasileiro. Considerado um dos maiores pensadores da educação em todo o mundo, influenciou diretamente o movimento denominado *pedagogia crítica*.

Professores e alunos devem interagir, de forma a fazer um intercâmbio de aprendizados. Podemos afirmar que, por vezes, esses dois atores trocam de papéis: o professor aprende; o aluno ensina. Por isso, o professor de natação não deve ser somente um instrutor do gestual motor. Sua metodologia deve respeitar a história do aluno e sua relação com a água.

Ao falarmos em ensino na natação, imediatamente pensamos no processo de sistematização do ensino para o gestual motor e na sequência pedagógica. Dessa forma, o professor deve ser pensado como o mediador do ensino, e não somente como o transmissor do conhecimento. Para isso, a interação com o aluno é fundamental.

Devemos lembrar que o ensino ocorre de diferentes maneiras, seja nas escolas, seja na interação com o outro, seja por meio da leitura do mundo que fazemos, seja com base nos conhecimentos que possuímos. Nenhum espaço de aprendizagem está isolado do mundo; a piscina, tampouco. Diferentes alunos exigem diferentes estratégias de ensino. Para isso, o profissional precisa compreender as diferentes fases de desenvolvimento, os perfis de cada idade, entre outras particularidades.

Aprendemos em todos os momentos de nossa vida. Ao sistematizarmos o ensino, porém, moldamos nosso pensamento para as práticas escolares e universitárias, em cursos de aperfeiçoamento, pós-graduação etc. Esse movimento nos induz à reflexão: Afinal, o que é ensinar? Quais são os princípios que norteiam o trabalho dos professores? Quais conhecimentos são necessários? Como devemos ensinar?

Nossa sociedade exige que estejamos sempre em transformação, aptos a realizar mudanças. Para os profissionais da educação, isso envolve lidar com desafios diários. Constantemente, voltamos a refletir sobre a questão central de nossa área: Como ensinar? Os professores são impelidos a reformular, reconstruir, reorganizar. Para que aconteça o ensinar, existe uma demanda que deve ser suprida.

Gadotti (1999) afirma que o professor que prima pelo diálogo não deve insinuar-se como detentor do saber. De forma oposta, deve se posicionar como aprendiz, pois todos os indivíduos possuem algum tipo de conhecimento a transmitir.

A visão do professor como um detentor do saber ainda é predominante. Mas será que agir dessa forma basta para realizar o intento de educar? Seja na sala de aula, seja no laboratório, seja na beira da piscina, surgem desafios para a efetivação do ensino. Por isso, os professores, segundo Silva (2005, p. 11), "também são considerados, simultaneamente, produtores de conhecimento sobre sua prática e eternos aprendizes, embora em um nível e dimensão diferente dos alunos".

A construção de conhecimento não é individual, pois se trata de um produto com marcas sociais e culturais impressas na rua, em casa, na escola e nas práticas esportivas. Abreu e Masetto (1990) apontam que a maneira como o professor conduz sua aula é vital para a aprendizagem dos alunos.

E você, como acredita que deve ser estabelecido o processo de ensino-aprendizagem?

Para Fernández (1998), esse processo está relacionado à resposta dada por alguém que se apropria de um conhecimento. Sua organização é considerada uma "unidade dialética entre a instrução e a educação e está associada à ideia de que igual característica existe entre ensinar e aprender" (Fernández, 1998, p. 3, tradução nossa). Nesse sentido, a sala de aula e a beira da piscina estão mais próximos do que se possa imaginar. De acordo com Freire (1996, p. 96), "o bom professor é o que consegue, enquanto fala, trazer o aluno até a intimidade do movimento do seu pensamento".

A primeira ação a ser feita, portanto, é pensar a organização da aula. Para isso, vamos começar a discutir como organizar uma aula de natação que se torne efetiva, sob a perspectiva do ensino-aprendizagem. Ressaltemos a orientação do professor William Urizzi de Lima, para quem a aprendizagem é "um processo de ação recíproca entre o ser humano e o meio biológico e cultural" (Lima, 2009, p. 27).

Importante!

Aprender é a possibilidade que um indivíduo tem de se colocar diante de um fato novo. Tomemos como exemplo uma aula de natação. O aprendizado é possível porque esse fato novo estimula inter-relações entre as vivências anteriores, que nominamos *fatores intrínsecos* (internos do indivíduo), e os fatores externos, ligados diretamente às estratégias organizadas pelo professor no processo do ensinar. Se o meio é favorável ao processo de aprendizado, é chamado de *fator extrínseco* (Lima, 1999).

Lima (2006) organiza o fluxo de aprendizagem tal como esquematizado na Figura 2.1:

Figura 2.1 Fluxo de aprendizagem

APRENDIZAGEM
Fator novo

Fatores internos
(maturação – vivências anteriores)

×

Fatores externos
(ambiente – escola – materiais – estratégias do professor)

Movimento aprendido	Movimento não aprendido
Redução da tensão	Aumento da tensão
Necessidade de aprender	Necessidade de aprender

Fonte: Lima, 2006, p.28.

O esquema evidencia que o professor deve estar consciente de seu papel no processo de ensino-aprendizagem. Além de refletir sobre esse processo, deve organizar, escolher e colocar em suas aulas elementos que possibilitem a aprendizagem. Cada aluno vai internalizar esse aprendizado conforme, principalmente, as experiências vividas ou não com a água.

Em virtude disso, podemos questionar: Será que todas as pessoas podem ser professores? E professor de natação? Qual é o perfil ideal para esse profissional?

Muitas vezes, atletas se consideram aptos a ensinar uma modalidade com base em sua prática. O mesmo ocorre na iniciação esportiva da natação. Por terem passado muito tempo de sua vida dentro da água, treinando e competindo, nadadores tendem a acreditar que têm a experiência necessária para ministrar aulas de natação. Ao assumirem o papel de professores, contudo, acabam sendo meros repetidores das técnicas aprendidas. A prática pedagógica permanece ausente do processo. O atleta domina o movimento em um grau de excelência, mas é capaz de refletir sobre o movimento e, principalmente, transmitir o porquê dele?

Como o fazer pedagógico, fundamental para um aprendizado amplo, é contemplado?

O professor precisa compreender o processo de ensino-aprendizagem e ser capaz da adaptá-lo às diferentes situações que surgem no meio aquático. Trata-se de um compromisso constante; e de um aprendizado contínuo.

Indicações culturais

Para inspirar mais reflexões sobre o processo de ensino-aprendizagem, sugerimos a leitura do texto abaixo.

REZENDE, L. A. de. O processo ensino-aprendizagem: reflexões. **Semina: Ciências Sociais e Humanas**, Londrina, v. 19/20, n. 3, p. 51-56, set. 1998/1999. Disponível em: <http://www.uel.br/revistas/uel/index.php/seminasoc/article/viewFile/9489/8295>. Acesso em: 25 maio 2019.

2.2 Estágios de desenvolvimento da aprendizagem

Depois de refletirmos sobre o processo amplo do ensino, em seus mais diferentes contextos, vamos agora transferir esses conhecimentos para o ensino na piscina. Concluímos, anteriormente, que professores de natação precisam ter noções claras do processo pedagógico. Isso implica reconhecer o estágio de desenvolvimento em que cada aluno se encontra, de forma a garantir que as aulas fluam de forma prazerosa e possibilitem um aprendizado eficiente.

É importante ressaltar que, dentro da água, o movimento humano é ainda mais complexo e, por consequência, mais subordinado a características físicas tanto do atleta quanto das pessoas que buscam a prática por lazer ou condicionamento físico.

Voltemos à trajetória da grande nadadora Maria Lenk. Quando ela chegou ao Brasil, imigrando da Alemanha com sua família, foi ensinada a nadar pelo pai, dando as primeiras braçadas nas águas do Rio Tietê. Ele a colocava no rio, amarrada pela cintura, e solicitava a ela que reproduzisse o movimento que ele considerava correto (Lenk, 1986).

Preste atenção!

Depois de contrair uma pneumonia que assustou toda a família, os pais de Maria Lenk acharam que a natação faria bem à saúde da filha de 10 anos. Na ausência de piscinas, a menina teve de iniciar na modalidade nadando no Rio Tietê. Em 1925, o rio não era poluído, sendo então um local bastante usado para lazer e esportes (Lenk, 1986).

À época, inexistiam metodologias específicas para ensinar o gestual motor. A transmissão da técnica era feita na base de tentativa e erro.

Importante!

Crianças aprendem com mais facilidade a partir do lúdico.

Segundo Velasco (1997), atualmente o aprendizado da natação acontece pelo movimento repetitivo de uma ação, transformada em hábito pela prática. Dessa forma, o aluno descobre um determinado movimento que o leva a nadar. Com base nessa concepção, você é capaz de apontar uma prática que considera fundamental para o ensino da natação? Devemos ressaltar que, para planejar uma boa aula, o professor deve compreender os estágios de aprendizagem de seus alunos. Apresentamos, a seguir, uma breve classificação do desenvolvimento de crianças, adolescentes, adultos e idosos.

Crianças com idade entre 3 e 6 anos demonstram significativo desenvolvimento da capacidade coordenativa, afetiva, cognitiva e motora. Mas, como definimos uma criança? Movimento puro? Ação? Desenvolvimento? Uma soma de tudo isso? Para Venditti Junior e Santiago (2008), é possível explorar seu aprendizado e sua vivência na água, de modo a promover uma melhora significativa do tônus muscular, da capacidade de equilíbrio, da agilidade, da lateralidade e, principalmente, do sistema cardiorrespiratório.

É preciso respeitar a individualidade de cada criança, sua fase de desenvolvimento e o processo de ensino adequado para cada faixa etária. Nessa fase, o professor deve estimular a imaginação e a fantasia, adotando brincadeiras, jogos e músicas como estratégia de ensino. Nesse processo, deve ter a sensibilidade para entender e respeitar as diferentes limitações de seus alunos.

Ferreira e Alcaraz (2007) sugerem que crianças entre 3 e 5 anos devem realizar atividades que possibilitem deslocamentos, percepção do movimento corporal, mergulhos, entre outros. Tinti e Lazzeri (2010) apontam que, entre crianças, o ensino da natação possibilita um melhor desenvolvimento da psicomotricidade e melhora da sociabilidade. As atividades, portanto, devem também ter esses resultados como objetivo, e não somente a capacidade de deslocamento na água.

Os **adolescentes** são os sujeitos que estão em uma etapa intermediária entre a infância e a vida adulta. A Organização Mundial da Saúde (WHO, 1986; Eisenstein, 2005) classifica essa fase entre 10 e 19 anos de idade. Para a Organização das Nações Unidas (ONU), a adolescência vai dos 15 aos 24 anos. A entidade também usa o termo *jovem adulto* para se referir a essa faixa etária. No Brasil, o Ministério da Saúde limita a adolescência entre 10 e 24 anos.

De acordo com Alves et al. (2007), a motivação para a prática da natação pelos adolescentes pode estar relacionada à manutenção da saúde. Porém, ainda há poucos estudos que comprovam essa relação. Os autores constataram que o interesse inicial de adolescentes pesquisados por eles não era a melhora da saúde. No entanto, depois de frequentarem as aulas por algum tempo, essa questão ganhou importância para eles.

O período de transição para a vida adulta gera grande estresse entre adolescentes. Essa tensão pode ser minorada pela prática regular da natação. A sensação de liberdade que a piscina proporciona é importante para o desenvolvimento cognitivo. A modalidade também ajuda no desenvolvimento corporal, fundamental nesse período de mudanças no organismo. O grande desafio para o professor é manter os adolescentes motivados. Em uma fase pautada por mudanças de comportamento e interesses, reter o aluno demanda criatividade e inovação pedagógica.

O processo de aprendizagem dos **adultos** deve considerar suas rotinas diárias, que incluem trabalho, família, filhos e diversas outras obrigações. São situações que costumam gerar picos de estresse em muitos alunos. Para estes, as aulas de natação podem representar pontos de fuga, um local de liberdade em que podem cuidar de si.

Indicações culturais

A reportagem a seguir aponta diversos benefícios da natação para adultos.

CES CESJF. **Matéria natação para adultos**. 12 jan. 2011. Disponível em: <https://www.youtube.com/watch?v=B6JKT85g1n0>. Acesso em: 25 maio 2019.

Muitos adultos chegam às aulas de natação por recomendação médica. Tal como para as faixas anteriores, o professor deve aplicar suas estratégias de ensino; contudo, os adultos gostam de compreender o motivo e os objetivos de cada atividade – querem saber como fazer e por que fazer. Por isso, as aulas devem ser explicadas minuciosamente. Muitos têm dificuldade em coordenar os movimentos, e uma descrição pormenorizada da atividade ajuda na compreensão. Para esse público, as brincadeiras e as atividades de entrosamento também são válidas. Disputas e estímulos contínuos reforçam as potencialidades de cada praticante e aproximam o aluno do professor.

Por fim, analisemos as particularidades de uma aula para **idosos**. Devemos tomar cuidado para não fazermos generalizações sobre essa faixa etária. Ramos (1997) aponta que envelhecer é muito diferente de ser senil. Ao envelhecer, o indivíduo obrigatoriamente passa por um fenômeno fisiológico de mudanças. Já a senilidade é uma condição patológica, que não necessariamente acompanha o envelhecimento.

O envelhecimento é um processo natural e diário, que transforma o corpo com o passar dos anos. A prática da natação é um estímulo corporal ideal para esse período da vida. Segundo Baur e Egeler (1983), o nado aumenta a expectativa de vida, pois retarda as perdas físicas, fisiológicas e motoras típicas dessa idade. Além disso, promove a valorização e a socialização entre os idosos e entre estes e pessoas de outras faixas etárias.

Os professores devem estudar as características fisiológicas da terceira idade e, com base nisso, organizar aulas que possam melhorar a capacidade de deslocamento, do tônus muscular, do equilíbrio, da organização espaço-temporal e da resistência.

Indicações culturais

O vídeo a seguir mostra que a natação na terceira idade traz bem mais que benefícios físicos.

TVSPORTTIME. **Natação na terceira idade**. 8 dez. 2014. Disponível em: <https://www.youtube.com/watch?v=bVEzOLYHlTc&t=53s>. Acesso em: 25 maio 2019.

2.3 Fatores que contribuem para a aprendizagem

As estratégias para o ensino da natação devem ser coerentes com os níveis pedagógicos e de maturação dos alunos, que precisam ser capazes de assimilar as atividades propostas, das mais simples às mais complexas. Lima (2006) afirma que a aprendizagem constitui um processo de ação mútua entre o ser humano e o ambiente em que está inserido. Dessa forma, quanto mais o professor de natação se aprofundar nos processos de aprendizagem e souber a diferença entre aprender, aperfeiçoar e treinar, mais eficaz será a aprendizagem de seu aluno. Entre os fatores que afetam o processo de aprendizagem estão o sociais, os psicomotores, que influem no ajuste do domínio do meio liquido, e os relacionados à aptidão física, que influenciam o equilíbrio, a propulsão e a respiração.

Entre os **fatores sociais** podemos incluir o nível socioeconômico, a cultura, a família e o grupo de afinidade. Questões socioeconômicas sempre devem ser consideradas. Lembre-se de que aulas em escolas ou clubes demandam a compra de materiais esportivos. Esses espaços costumam estabelecer como regra o uso de maiô ou sunga, touca e óculos. Outros equipamentos, como prancha *pull buoy* e macarrão, são acessórios de ensino úteis ao professor. Outro fator são os valores das mensalidades, custosos para a maioria das famílias brasileiras. Por isso, esses materiais costumam estar disponíveis, como parte do material pedagógico das escolas de natação, em programas sociais de clubes ou em serviços de lazer do Poder Público.

A **cultura**, junto com a família e a escola, tem um papel importante na forma como o indivíduo interpreta o mundo. O local em que um indivíduo vive também é indutor do processo de aprendizagem. Ao buscar um local para ministrar as aulas, o professor deve levar em conta a cultura predominante naquela região. Para moradores de cidades litorâneas ou que são banhadas por rios e lagos, a natação é uma habilidade de importância fundamental, até mesmo como possível questão de sobrevivência. A aprendizagem pode ocorrer de maneira formal, institucionalizada em escolas ou clubes, ou informal, no mar, em rios e lagos.

Em escolas e clubes, é necessário o uso de material apropriado, típico da aprendizagem formal. Em piscinas naturais, rios e lagos, onde ocorre a aprendizagem informal, qualquer roupa é utilizada. Crianças cujos pais têm menos poder aquisitivo costumam aprendem a nadar em lagos, rios ou no mar, por tentativa e erro, o que torna o aprendizado mais difícil, além de bastante perigoso.

A inserção da atividade física como instrumento para o desenvolvimento é mais comum entre as classes sociais com maior poder aquisitivo. Apesar de médicos e pediatras prescreverem exercícios e de a natação ser uma das principais sugestões, a condição socioeconômica da maioria das famílias acaba sendo um impeditivo.

A **família** constitui um componente importante na educação social da criança. Segundo Hellstedt (1995, p. 117, tradução nossa), ela cria um ambiente social para que a criança possa desenvolver "sua identidade, autoestima e motivação para o sucesso". É no ambiente familiar que a criança começa a se conhecer. Por isso, ele deve ser constituído de forma a proporcionar experiências nos campos da cultura, do esporte e da educação, entre outros.

O contato com a água pode despertar diversas emoções e sentimentos, que se traduzem em medo – um dos fatores que mais retardam a aprendizagem, não importando a faixa etária. O professor deve detectar esse receio e ser capaz de se tornar um elemento de confiança, de modo que o aluno se torne gradativamente mais seguro. Conforme Shaw e D'Angour (2001), o medo provoca alterações fisiológicas inconscientes no indivíduo. Gera, por exemplo, uma tensão muscular que dificulta a flutuação e a respiração.

Importante!

A criança que tem um desenvolvimento psicomotor mal constituído poderá apresentar problemas na escrita, na leitura, no pensamento lógico e abstrato, na análise gramatical, entre outras dificuldades.

2.4 Aspectos psicomotores na aprendizagem da natação infantil

A educação infantil é um período muito rico em informações e movimento para a criança. Por meio de jogos e brincadeiras, é possível desenvolver as capacidades cognitivas, motoras, afetivas e sociais. Essas brincadeiras quase sempre estão relacionadas ao ambiente em que as crianças estão inseridas e às outras atividades da vida delas (Lucena et al., 2009).

A motricidade a ser desenvolvida na água exige da criança uma organização psicomotora. O contato com a água, a mudança na postura e a orientação horizontal do corpo fornecerão um conjunto de novas informações sinestésicas, capazes de auxiliar no processo de aprendizagem.

De acordo com Assunção e Coelho (1997, p. 108), a psicomotricidade é a "educação do movimento com atuação sobre o intelecto, numa relação entre pensamento e ação, englobando funções neurofisiológicas e psíquicas". Gomes (2007) afirma que a psicomotricidade é uma ciência que transforma o pensamento em ato motor. A educação psicomotora é o ponto de partida para o aprendizado, pois "se uma criança tem dificuldades de aprendizagem é consequência de alguma deficiência no desenvolvimento motor" (Camargos; Maciel, 2016).

Borges e Maciel (2016, p. 292) explicam que a ludicidade possibilita aos alunos vivenciar, organizar e desenvolver habilidades. Segundo os autores, isso ocorre porque "dentro da água é possível vivenciar situações desafiadoras que desenvolvem melhor capacidades físicas e habilidades motoras".

As aulas de natação ajudam as crianças a organizar seu esquema corporal, pois, nessa fase, elas estão construindo a própria representação, permitindo que se localizem no espaço em que vivem. Segundo Campos et al. (2017, p. 276), "O esquema corporal constitui-se pelo reconhecimento que se tem do próprio corpo por meio da conscientização do corpo, das funções de cada parte do corpo e das possibilidades de ação com o corpo e suas partes".

O movimento faz as crianças perceberem as relações necessárias a um amplo desenvolvimento motor. Conforme Dourado (2014), inicialmente é necessário oferecer às crianças um ambiente de aprendizado adequado, com materiais variados, por meio dos quais elas possam vivenciar experiências que facilitem o reconhecimento do espaço. As sensações que as crianças vão experimentar na água, diferentes das vivenciadas no ambiente terrestre, são importantes para sua percepção corporal, pois aos poucos precisam organizar-se nesse espaço e em seu ritmo temporal característico. (Penha; Rocha, 2010).

Borges e Maciel (2016, p. 310) afirmam que, no processo de desenvolvimento psicomotor de uma criança, as atividades aquáticas demandam recursos distintos. É preciso relevar os "fatores ambientais e emocionais que interferem no desempenho motor dos indivíduos". Gonçalves (2011, p. 21) aponta:

> *Como se pode notar, a Psicomotricidade tem o objetivo de enxergar o ser humano em sua totalidade, nunca separando o corpo (sinestésico), o sujeito (relacional) e a afetividade; sendo assim, ela busca, por meio da ação motora, estabelecer o equilíbrio desse ser, dando-lhe possibilidades de encontrar seu espaço e de se identificar com o meio do qual faz parte (p. 21).*

> ||| *Importante!*
>
> O ritmo da respiração marca o tempo forte ou fraco da propulsão em relação ao movimento. A duração e a intensidade são fatores determinantes na ação desse movimento, ou seja, o ritmo da respiração está relacionado com o movimento de braço (Catteau; Garoff, 1990).

Para Mansoldo (1986), uma aula bem organizada possibilita um melhor desenvolvimento motor da criança, aumentando seu domínio corporal no ambiente aquático. Com movimentos mais organizados, há uma melhora na execução das tarefas solicitadas. O equilíbrio no ambiente aquático se torna mais fácil e natural. Devemos lembrar que, dentro da água, há uma mudança de posição – de vertical para horizontal –, o que exige um esforço de reequilíbrio, aprendido por meio de exercícios de flutuação. Porém, esse aprendizado somente é possível em crianças já adaptadas ao meio líquido. O desenvolvimento dessa habilidade será necessário tanto para executar os nados como para levantar-se na piscina, mudando de posição.

Mansoldo (1996) afirma que, ao melhorar sua noção temporal, a criança não terá dificuldade para coordenar os diversos movimentos que compõem a natação, como o ritmo entre braçadas e pernadas e a respiração lateral, no caso do nado *crawl*, por exemplo.

Duzzi, Rodrigues e Ciasca (2013) definem a lateralidade como a dominância lateral (manual, pedal ou ocular) e o reconhecimento entre direita e esquerda pela criança, em si mesma e no outro. Não é algo natural, contudo. Trata-se de uma habilidade a ser desenvolvida. Ao começar a nadar, a criança escolhe um lado para realizar movimentos como a respiração. Geralmente, essa escolha é definida por sua lateralidade.

Vejamos, a seguir, as fases do desenvolvimento psicomotor de acordo com a faixa etária na natação infantil.

Quadro 2.1 Natação infantil e faixa etária relacionadas ao desenvolvimento psicomotor

Faixa etária	Desenvolvimento
Crianças de 0 a 6 meses	É iniciado com adaptação ao meio líquido e socialização por meio de cantigas. Esse trabalho possibilita a inibição de alguns reflexos e estimula o sistema nervoso central para que a criança evolua de movimentos descontrolados para movimentos controlados. Para estimular a coordenação dinâmica global, podem ser utilizados colchonetes e bancadas com pouco volume de água, que servem para o desenvolvimento dos movimentos básicos da criança.
Crianças de 6 meses a 3 anos	O processo de afetividade deve sempre ser respeitado e priorizado pelo professor. Ele deve possibilitar estímulos visuais, brinquedos e variações de cores, pois o ambiente colorido contribui para a estimulação sensorial da criança. Estímulos táteis e sinestésicos gerados pelo manuseio de brinquedos podem aumentar a motivação e a concentração das crianças. O esquema corporal deve ser trabalhado com as crianças a partir de várias atividades. Com relação à estimulação espacial, podem ser usados objetos, jogos e mergulhos, proporcionando-se a aquisição de noções de distância e profundidade.
Crianças de 3 anos a menos de 7 anos	A criança necessita vivenciar, na água, inúmeras situações psicomotoras, como espaciais, temporais, imagem corporal e noção de corpo. O esquema corporal pode ser desenvolvido por meio dos planos de superfície e de profundidade da piscina. Nesse caso, a técnica natatória não é importante. O professor deve priorizar atividades psicomotoras, pois, nesse período, a criança está construindo a estruturação de sua lateralidade e descobrindo as possibilidades de seu corpo. A água, por meio das experimentações de vivências, deve facilitar a descoberta de seu corpo e das relações do corpo com o meio aquático.

(continua)

(Quadro 2.1 – conclusão)

Faixa etária	Desenvolvimento
Crianças de 7 a 8 anos	O professor deve estimular conceitos relacionais e funcionais na criança. A inibição fisiológica começa a funcionar de forma efetiva e a aprendizagem do gestual natatório é facilitada. O aluno inicia a técnica do nado. Por isso, é aconselhável aliar atividades da natação com a motivação que as crianças têm para trabalhar em grupos e participar de jogos competitivos e cooperativos.

Fonte: Elaborado com base em Penha; Rocha, 2010, p. 36-37.

Professores que trabalham com bebês e crianças devem conhecer os aspectos psicomotores a serem desenvolvidos nas aulas de natação, pois esses aspectos são facilitadores da aprendizagem no meio aquático.

2.5 Aspectos motores na aprendizagem do idoso

O processo de envelhecimento caracteriza-se como "um momento de crescente diminuição do rendimento motor, processo gradativo e devagar, porém irreversível, além de uma diminuição gradativa na motricidade diária" (Cavalcanti; Barbosa, 2013, p. 23). Essa perda de capacidades influencia profundamente a vida do idoso. Apesar disso, é necessário que ele consiga manter uma vida funcional, sendo capaz de executar tarefas cotidianas sem a ajuda de terceiros. Para isso, a prática de atividade física regular é fundamental.

Importante!

Uma das condições para que ocorra um envelhecimento bem-sucedido e não prevaleçam sentimentos de perda é a manutenção da participação social (Fontaine, 2002).

O exercício físico regular amplia a mobilidade, permitindo ao idoso manter-se funcional. Maciel (2010, p. 1025) define *funcionalidade* como "a capacidade de a pessoa desempenhar determinadas atividades ou funções, utilizando-se de habilidades diversas para a realização de interações sociais, em suas atividades de lazer e em outros comportamentos requeridos em seu dia a dia".

Importante!

O envelhecimento é um processo gradual, universal e irreversível, que provoca uma perda funcional progressiva no organismo (Nahas, 2006).

Maciel (2010) aponta que a atividade física promove uma vida ativa para os idosos. Eles mantêm e melhoram sua capacidade de deslocamento, a aptidão para as tarefas domésticas e, no caso dos que ainda trabalham, o aumento da *performance*. Também podemos citar outros benefícios, como a prevenção de doenças coronárias, a melhora na capacidade aeróbica, a manutenção ou o aumento de massa muscular, entre outros. No entanto, os ganhos ocorrem de forma lenta e incremental. Por isso, professor e aluno precisam ter paciência. Meinel (1984, p. 381) destaca que nos idosos é possível perceber "uma grande incapacidade nas habilidades de aprendizagem, adaptação e transformações motoras".

Felizmente, temos visto uma preocupação social cada vez maior com o bem-estar das pessoas na terceira idade. Clubes de maior idade, que organizam encontros semanais e realizam atividades variadas, como dança de salão, são cada vez mais comuns no Brasil. Neles, os idosos também podem fazer diversas atividades físicas, como hidroginástica, natação, ginástica, caminhada, musculação e zumba. Além de socializarem entre si, entram em contato com estudantes de universidades, grupos de voluntariado, médicos e psicólogos. As experiências aprendidas e trocadas durante as aulas os tornam confiantes, pois se percebem capazes de dominar determinadas habilidades que consideravam difíceis.

Maciel (2010, p. 1030) ressalta que a "manutenção da capacidade funcional dos idosos é um dos fatores que contribuem para uma melhor qualidade de vida dessa população. Nesse sentido, a prática de atividades físicas é um importante meio para se alcançar esse objetivo, devendo ser estimulada ao longo da vida".

Na natação, o maior desafio para os idosos é transferir o gestual motor do campo terrestre para o aquático. Para muitos deles, falta experiência motora na água. No processo de adaptação, o professor deve primeiramente tirar o medo desse aluno, para que ele possa aprender a se deslocar no meio aquático da forma mais natural possível. Ao realizar atividades de propulsão e deslize, o idoso passará da posição de decúbito horizontal para a de decúbito ventral. O professor de natação deve prestar a máxima atenção em seu aluno nesse momento. Para flutuar, o idoso precisa aprender a levantar na piscina. Desenvolver a percepção corporal e a organização do equilíbrio, fundamentais para a natação, representa um grande desafio para o aluno de mais idade. O professor deve levar em consideração:

- **Adaptação ao meio líquido**: percepção corporal no meio aquático; equilíbrio no deslocamento pela piscina; entrada e saída da piscina; início da respiração frontal.
- **Flutuação**: equilíbrio, lateralidade e percepção corporal; mudança de posição (decúbito dorsal para decúbito ventral); coordenação da respiração frontal.
- **Propulsão**: domínio do equilíbrio; coordenação.
- **Aprendizado do nado**: coordenação geral; lateralidade; respiração lateral; força; capacidade aeróbica.

Quanto mais experiências motoras o idoso vivenciou ao longo da vida, mais fácil é sua adaptação a atividades físicas.

⫶⫶⫶ *Síntese*

Neste capítulo, começamos a analisar os aspectos técnicos e pedagógicos do ensino da natação. Destacamos que o aprendizado pode ocorrer em todos os momentos de nossa vida, de forma individual ou coletiva. Por isso, há fatores internos e externos que ajudam ou dificultam essa aprendizagem. O professor é fundamental nesse processo. Por isso, deve ser capaz de reconhecer os diferentes estágios de desenvolvimento de seus alunos e contribuir para que eles sigam se aperfeiçoando na modalidade. Fatores sociais, econômicos, psicológicos e fisiológicos influenciam esse processo.

Também apontamos estratégias para desenvolver a psicomotricidade dos alunos. Vimos que a ludicidade auxilia no reconhecimento do esquema corporal, da lateralidade, do ritmo e da coordenação motora, favorecendo o domínio dos movimentos do nado pela criança e pelo idoso. Sobre este último, salientamos que o exercício o auxilia a se manter funcional em suas atividades diárias, retardando as perdas típicas da idade. Nesse sentido, as aulas de natação promovem a melhora do equilíbrio, da coordenação motora, da força, da lateralidade e da capacidade aeróbica.

▪ *Atividades de autoavaliação*

1. Analise as afirmativas a seguir.
    I. De acordo com Paulo Freire, não há possibilidade de o ensino se efetivar sem aprendizagem, que pode ocorrer de maneira formal ou informal.
    II. Professores e alunos trocam de papel em vários momentos da aula. Portanto, o professor de natação não deve ser somente um instrutor do gestual motor.
    III. Como uma aula de natação recebe alunos de diferentes idades, o profissional deve pensar em diversas formas de propiciar o aprendizado. Para isso, precisa compreender as diferentes fases de desenvolvimento de seus alunos.

IV. Geralmente, professores são impelidos a reformular, reorganizar e reconstruir suas ações de forma a atingir os objetivos do processo de ensino-aprendizado, pois há exigências a serem supridas.

V. Toda construção de conhecimento é realizada de forma coletiva, pois o homem é um produto que apresenta marcas sociais e culturais, seja na rua, seja em casa, seja na escola, seja na aprendizagem de esportes.

É(são) verdadeira(s) somente a(s) afirmativa(s):

a) II.
b) IV.
c) I, II e V.
d) I, III, IV e V.
e) I, II, III, IV e V.

2. O ato de aprender ocorre quando o indivíduo é colocado diante de um fato novo (um exercício de uma aula de natação, por exemplo) e passa então a correlacioná-lo a uma vivência anterior. Classificamos o fato novo e a vivência anterior como:

a) fatores intrínsecos e fatores externos.
b) atores intrínsecos e fatores extrínsecos.
c) fatores externos e fatores extrínsecos.
d) fatores intrínsecos, fatores extrínsecos e fatores centrais.
e) fatores centrais e fatores externos.

3. Pesquisadores em educação física apontam como motivos que costumam levar os adolescentes às aulas de natação:

I. a manutenção da saúde.
II. a redução do estresse, principalmente durante o último ano do ensino médio.
III. a sensação de liberdade propiciada pela atividade.
IV. a melhoria do desenvolvimento físico.
V. a família.

São corretas as afirmações:
a) I e III.
b) I, II e V.
c) I, III e V.
d) I, II, III e IV.
e) I, II, III, IV e V.

4. Sobre o desenvolvimento da motricidade nas crianças, analise as afirmativas a seguir.
   I. A educação psicomotora será o ponto de partida para o aprendizado da criança.
   II. Quando o ensino da natação utiliza ludicidade, possibilita aos alunos vivenciar, organizar e desenvolver habilidades diferentes.
   III. As aulas de natação auxiliam as crianças a organizar e construir o esquema corporal. Por meio dessa atividade, as crianças constroem a própria representação, localizando-se no espaço em que vivem.

É(são) verdadeira(s) a(s) afirmativa(s):
a) I.
b) I e II.
c) II e III.
d) I e III.
e) I, II e III.

5. Analise as afirmativas a seguir sobre os benefícios da natação para os idosos.
   I. Nas aulas de natação, os idosos encontram um espaço de sociabilidade. As experiências trocadas durante as aulas os tornam confiantes, pois se percebem capazes de dominar habilidades que consideravam difíceis.

II. A manutenção da capacidade funcional dos idosos contribui para uma melhor qualidade de vida. Dessa forma, a prática da atividade física se torna essencial e deve ser realizada ao longo de toda a vida.

Sobre essas afirmações, é correto afirmar que:

a) as duas afirmações são verdadeiras, e a segunda justifica a primeira.
b) as duas afirmações são verdadeiras, e a segunda não justifica a primeira.
c) as duas afirmações são falsas.
d) a primeira afirmação é falsa, e a segunda é uma afirmação verdadeira.
e) a primeira afirmação é verdadeira, e a segunda afirmação é falsa

Atividades de aprendizagem

Questões para Reflexão

1. Com base em nossos estudos sobre os aspectos psicomotores e em sua trajetória como estudante ou profissional de educação física, discorra, de forma breve, sobre a importância de o professor de natação conhecer a psicomotricidade e utilizá-la em suas aulas. Depois, reúna-se com cinco colegas e conversem sobre o assunto.

2. Lima (2006) ressalta que o aprendizado ocorre quando o indivíduo se coloca diante de um fato novo de aprendizagem, relacionando fatores internos e fatores externos. Essa relação deve levar o professor a refletir sobre seu papel no processo de ensino-aprendizagem. Selecione dois artigos que discutam fatores internos e externos e identifique os elementos de cada fator. Analise as duas categorias de fatores, reúna-se com cinco colegas de sua turma e compartilhem as descobertas.

3. O conhecimento sobre todos os aspectos do desenvolvimento auxilia o trabalho do professor e possibilita o processo de aprendizado de forma mais eficiente. Partindo dessa lógica, aponte, segundo seu entendimento, quais são os fatores principais que podem contribuir para o processo de ensino-aprendizagem na natação.

Atividade aplicada: Prática

1. Observe uma aula sobre iniciação de flutuação com alunos da terceira idade. Anote os exercícios realizados e identifique, neste capítulo, questões referentes aos aspectos motores da aprendizagem para o idoso, considerando especificamente a fase de aprendizado da flutuação. Pesquise o tema em outros artigos científicos e produza um relatório comparando as informações.

2. Apresente dois benefícios que a natação pode proporcionar de acordo com a fase escolhida por você: idosos, adultos, adolescentes ou crianças.

Capítulo 3

Mergulhando no campo profissional da natação

O **objetivo** geral deste capítulo é levá-lo a compreender a formação e a atuação dos professores de atividades aquáticas. Iniciaremos abordando a formação profissional em natação, refletindo sobre a postura do professor e do profissional da área. Retornaremos ao campo da hidroginástica, analisando conceitos e suas aplicações. Este capítulo também inclui uma abordagem sobre com jogos e brincadeiras desenvolvidas em recreações aquáticas.

Ao longo de nossa análise, apontaremos formas de organizar as aulas, buscando esclarecer como fazer e por que fazer. Vamos examinar alguns modelos de aulas de diferentes atividades aquáticas e verificar é possível inspirar-se na experiência pregressa para desenvolver um trabalho criativo e eficiente.

3.1 Campo de formação profissional: postura profissional nas atividades aquáticas

Ao escolher o curso de Educação Física e optar por se especializar em natação, o estudante talvez fique inseguro e comece a se questionar sobre as possibilidades dessa área.

Preste atenção!

Nandakari (2001) afirma que, muitas vezes, o que leva uma pessoa a escolher uma profissão são as facilidades que a carreira pode proporcionar. Para Lawson (1995), no entanto, a escolha da profissão não costuma ser justificada por motivos tão específico.

Tal como em outras profissões, nas atividades aquáticas é necessário considerar os saberes constitutivos, os conhecimentos específicos e o saber pedagógico da área. Essas exigências tornaram a formação do professor de atividades aquáticas uma prerrogativa de faculdades e universidades.

O programa inicial dos cursos universitários busca dar aos estudantes as condições para ensinar a nadar os estilos. O acadêmico também é orientado a reconhecer as características, o conhecimento prévio e as demandas de cada um de seus futuros alunos. Dessa forma, o futuro professor saberá estabelecer os objetivos, elaborar o plano de aulas e personalizar as atividades conforme o perfil do aluno (Velasco, 1997). Para Cazelli et al. (2002) e Leite e Esteves (2005), um aprendizado pela prática eficiente valoriza a participação ativa do aluno no processo de ensino-aprendizagem.

Importante!

Apesar de ser o objetivo central, o profissional das atividades aquáticas não deve contentar-se em ensinar as técnicas. Ao elaborar e ministrar as aulas, é preciso considerar o desenvolvimento integral de cada aluno. Para isso, é necessário embasamento teórico e técnico. Isso não significa, simplesmente, saber nadar. O bom professor sabe aplicar a teoria na prática, transmitindo orientações de forma didática. Portanto, além de conhecimentos técnicos, o profissional deve ter **competência pedagógica**.

O campo aquático oferece várias possibilidades de trabalho: professor de natação para diversos grupos etários, professor de hidroginástica, professor de recreação aquática, entre outros. Entretanto, o mercado de trabalho é cada vez mais exigente e seletivo, exigindo do profissional um domínio de diversas capacidades. Por isso, os saberes transmitidos no curso de Educação Física não devem permanecer isolados, sem diálogo entre as disciplinas e com outras áreas do conhecimento.

Qual seria, então, o perfil do profissional de educação física? Não basta ser uma pessoa que goste de atividade física e valorize o corpo como instrumento de trabalho. O profissional de educação física deve ter condições de acompanhar seus alunos, ter noções de treinamento, de organização de aulas, de liderança, de saber lidar com pessoas, entre outros. Demo (1993, p. 90) afirma que "É preciso rever o perfil do professor, abandonando a imagem de 'auleiro' para sedimentar a competência renovada e renovadora, crítica e criativa, capaz de estabelecer e restabelecer o diálogo inovador com os desafios do futuro, na cidadania e produtividade".

Woolfolk (2000) entende que o ato de ensinar requer compreensão sobre o que significa *aprendizagem*, sabedoria para instruir conforme o nível do aluno e, principalmente, conhecimento técnico-didático.

Aprender a ensinar exige um desenvolvimento gradual, que passa por sala de aula, quadra, academia e/ou piscina. Com o aumento dos cursos superiores em Educação Física, a qualidade da formação do professor passou a ser o maior diferencial a garantir não somente uma colocação inicial, mas, principalmente, um bom desenvolvimento de carreira. A matriz curricular dos cursos de licenciatura e bacharelado, além de promover o conhecimento técnico e científico, contempla esse direcionamento profissional.

Para ministrar uma aula de natação, é preciso atender a diversas exigências. Em aulas para iniciantes, o professor deve estar sempre dentro da piscina, de forma a melhor orientar os alunos e passar-lhes segurança. À medida que progridem, não é mais necessário estar na água em todas as aulas. Já professores de hidroginástica têm de ficar fora da piscina para orientar os exercícios e ser capaz de observar como a classe está executando os movimentos.

A piscina é um espaço de prevenção e higiene. Listamos, a seguir, alguns **cuidados** que o profissional precisa adotar:

- proteção pessoal para aqueles que trabalham à beira da piscina;
- protetor solar, boné e, se a piscina for aberta, óculos escuros;
- roupas que permitam a transpiração;
- hidratação, importante também para os alunos;
- chinelos exclusivos, pois não convém trazer calçados usados em outros ambientes;
- cuidados com a voz.

Também relacionamos sugestões sobre **didática** profissional:

- Se o professor estiver usando boné e óculos escuros, deve retirá-los em alguns momentos, pois é fundamental olhar nos olhos dos alunos.
- Ao passar instruções, deve sempre estar de frente para o aluno.
- Mesmo em aulas em que opte por permanecer fora da piscina, o professor deve estar preparado para pular imediatamente na água em caso de emergência. Por isso, nunca deve usar calçado fechado, agasalhos ou moletons.
- O professor de natação deve ter um chinelo exclusivo para usar à borda da piscina, contribuindo para a higiene do local.
- O professor de hidroginástica pode usar *short*, camiseta, macaquinho e tênis específico para a aula.
- Alunos iniciantes de qualquer idade necessitam do professor dentro da água para se sentirem confiantes.
- Em piscinas abertas, o professor deve ficar de frente para o sol, deixando os alunos de costas.
- Durante as aulas, o professor deve variar de posição pelo perímetro da piscina.
- O tom de voz é muito importante. Durante as aulas, o professor deve variar a tonalidade conforme a distância em relação a cada aluno.

Um profissional respeitado por alunos e empregadores também é reconhecido pela **postura**. Assim, destacamos as seguintes atitudes:

- Ao propor alguma atividade em círculo, o professor deve explicá-la antes de organizar os alunos ou então formar o círculo e incluir-se nele, para então dar as instruções.
- O professor deve falar pouco, pois explicações muito longas são cansativas e confusas.

- É importante manter o material na borda da piscina sempre organizado.
- Nunca se deve jogar o material aos alunos, e sim entregá-lo em mãos.
- É necessário usar o efeito espelho[1] quando estiver de frente para os alunos.
- O professor deve estar sempre atento à aula. São inadmissíveis atitudes como comer na borda da piscina, conversar com colegas de trabalho, usar celular ou ler. Mesmo em turmas avançadas, sempre há o que corrigir, aprimorar e, principalmente, motivar.

Importante!

Todas as aulas devem ser preparadas com antecedência, mesmo se o professor tiver 30 anos de experiência!

- É importante experimentar o uso de músicas, mesmo em turmas de adultos.
- A pontualidade é fundamental e, exceto se ocorrer alguma eventualidade, jamais se deve terminar a aula antes do horário.
- Ao substituir um colega, deve procurar saber com antecedência quem são os alunos, que tipo de trabalho deve ser feito e se existe algum caso especial a ser atendido.
- É fundamental evitar apelidos e brincadeiras que possam constranger os alunos.
- É importante usar um português correto, porém evitando-se formalismos que não cabem no ambiente esportivo e/ou, no outro extremo, expressões chulas e vícios de linguagem.

---

[1] No efeito espelho, o aluno repete o movimento exato do professor, mas sem se preocupar se o professor está movendo braço ou mão esquerda ou direita.

- É necessário decepcionar os alunos com cordialidade.
- O professor deve demonstrar interesse por problemas relatados pelos alunos (Por exemplo: "Você melhorou da dor nas costas mencionada na aula passada?").
- Mesmo que, em um dia de inverno, às 7 horas da manhã, vinte minutos depois do horário de início, apareça somente um aluno, o professor deve incentivá-lo a fazer a aula e ministrá-la com a mesma motivação.
- É essencial ter uma postura corporal que demonstre profissionalismo. O professor não deve ficar encostado nas paredes, sentado ou com gestual derrotista e desanimado.

Os melhores professores são aqueles que guiam e dividem o que sabem sem querer ser o centro das atenções, pois entendem que seus alunos são o objetivo final de seu trabalho. A melhor maneira de ensinar não é retirada de uma fórmula. Trata-se de algo pessoal. Requer conhecimento, estudo diário e planejamento. Diferentes professores ensinam o mesmo conteúdo de formas diferentes porque são pessoas diferentes e veem o mundo de forma diferente. Nós ensinamos o que somos!

3.2 Conceitos, aplicabilidade e intervenção da hidroginástica

Voltamos a tratar da hidroginástica, a segunda atividade mais praticada nas piscinas. A modalidade se popularizou com o crescimento do número de clubes e academias e atualmente é bastante procurada não apenas pelos idosos, mas também por praticantes que buscam uma atividade dinâmica e divertida. De acordo com Bonachela (2001, p. 127), a hidroginástica consiste em "um conjunto de exercícios físicos executados dentro da água, que objetiva aumentar a força e a resistência muscular do praticante".

A atividade possibilita a melhora da capacidade cardiorrespiratória e da amplitude articular do praticante, pois a água funciona como sobrecarga para os exercícios. O meio líquido altera as condições de realização da prática. Por exemplo, braços e pernas adquirem resistência ao se moverem de forma alternada dentro da água.

Figura 3.1 Movimentação na água

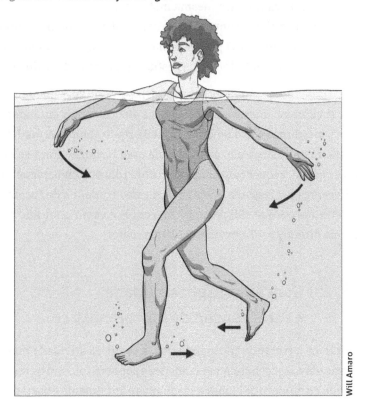

Fonte: Marques, 1995, p.7.

É possível utilizar halteres com ar, que tendem a flutuar e, com isso, aumentam a resistência e a eficiência do exercício. Ao usar halteres, o praticante permanece parado.

Figura 3.2 Exercício com halteres dentro da água

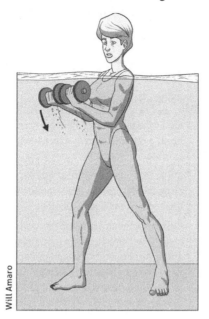

Fonte: Marques, 1995, p.18.

Figura 3.3 Exercício com halteres fora da água

É possível perceber, desde já, que existem diversas metodologias a serem aplicadas, conforme o objetivo da aula. No quadro a seguir, apontamos alguns programas e seus objetivos.

Quadro 3.1 Tipos de modalidades de ginásticas aquáticas, inspiradas na hidroginástica

Programa	Definição
Hidropower	Aula realizada em formato de circuito. Os alunos são divididos em três ou mais grupos, sendo executados exercícios específicos.
Acqua training	Aula realizada em circuito, que explora atividades de pedalada, corrida, trabalhos de força de membros superiores e salto no *jump*.
Acqua spin	Aula de ciclismo aquático, realizada em uma bicicleta desenvolvida para a modalidade. À medida que aumenta sua rotação, o equipamento oferece resistência ao movimento de pedalar. Utiliza música para ditar o ritmo e a intensidade da aula. Propicia o desenvolvimento da resistência aeróbia e anaeróbia.
Acqua run	Aula de caminhada e corrida realizada em uma esteira aquática. Quanto mais rápido o ritmo das passadas, maior será a intensidade do exercício. A modalidade pode ser adaptada sem as esteiras, usando-se coletes flutuantes e elásticos.
Acqua jump	É uma aula realizada em cima de camas elásticas individuais, em que os alunos fazem exercícios de saltos e movimentos coreografados de intensidade moderada e alta. Auxilia no desenvolvimento de força e resistência muscular nos membros inferiores.
Deep water	Aula praticada com ou sem ajuda de colete flutuante, permitindo ao aluno exercitar na parte funda da piscina, totalmente em suspensão. O aluno não precisa mergulhar a cabeça. Seu corpo deve permanecer na vertical e com água na linha dos ombros. Nessa aula, o professor utiliza exercícios de atletismo, natação e hidroginástica.

A hidroginástica é procurada por diferentes grupos de alunos, tais como gestantes, idosos e adultos em diferentes faixas etárias. Cada grupo tem objetivos e expectativas diferentes. Segundo Figueiredo (1999) e Bonachela (2001), a prática regular de hidroginástica pode beneficiar os alunos de diversas maneiras, como:

- melhoria da resistência cardiovascular dos praticantes;
- mudança da composição corporal;
- percepção de melhora no bem-estar dos alunos;
- melhora e aumento da força muscular e da resistência muscular localizada (RML);
- aumento da flexibilidade, da coordenação motora global e do equilíbrio.

Para grupos de idosos, devem ser trabalhadas as seguintes atividades:

- recreativas, objetivando a produção de endorfina e andrógeno, responsáveis pela sensação de bem-estar e recuperação da autoestima;
- de sociabilização, que tenham caráter lúdico e sejam realizadas em grupo;
- moderadas e progressivas, que preparam gradativamente o organismo para suportar estímulos cada vez mais fortes;
- de força, realizadas com carga, principalmente para os músculos responsáveis pela sustentação e postura. Devem-se evitar cargas muito fortes e contrações isométricas;
- de resistência, tendo como objetivo a redução das restrições no rendimento pessoal;
- de alongamento, possibilitando o ganho de flexibilidade e de mobilidade;
- de relaxamento, que ajudam a diminuir tensões musculares e mentais.

Figura 3.4 Aula de hidroginástica

||| *Importante!*

O tempo destinado a cada fase da aula deve estar em consonância com a duração total da aula. Por isso, as aulas devem ser planejadas para que a execução ocorra sem problemas.

Para que as aulas não caiam na rotina, o professor deve estabelecer objetivos de longo, médio e curto prazo. Por exemplo: planejar 8 aulas (mais 2 de reserva), se a frequência for 2 vezes por semana, e 12 aulas (mais 2 de reserva), se a frequência for 3 vezes por semana (Educação Física, 2012). Alguns exemplos de atividades que podem ser desenvolvidas nas aulas são apresentados no quadro 3.2.

Quadro 3.2 Sugestão de planejamento mensal de aulas

Aquecimento	Parte aeróbica	Local	Volta à calma
Articular	Exercícios sem deslocamento	Borda e membros interiores	Alongamento
Deslocamento com corrida	Exercícios com deslocamento	Pranchas e abdominal	Relaxamento com prancha
Articular	Trabalho em duplas	Duplas	Transporte
Deslocamento com corrida	Aerolocal	Local na borda abdominal	Soltura e/ou dança
Articular	Resistência de membros inferiores	Tornozeleiras	Alongamento
Deslocamento com corrida	Halteres plásticos e resistência de membros superiores	Halteres e membros superiores	Relaxamento com apoio de halteres
Articular	Aula coreografada	Luvas	Hidromassagem
Deslocamento	Circuito de avaliação	Circuito	Relaxamento induzido

Fonte: Gonçalves, 1996, p.27.

Indicações culturais

Para aprender mais sobre benefícios dos programas de hidroginástica, sugerimos os vídeos a seguir.

Esta reportagem mostra os efeitos da hidroginástica para a saúde:

JORNAL CIDADE. **Conheça os benefícios da hidroginástica para a saúde**. 13 mar. 2011. Disponível em: <https://www.youtube.com/watch?v=gP9pwiWpapU>. Acesso em: 3 out. 2019.

Veja também os benefícios da hidroginástica para gestantes:

POR VOCÊ – conheça os benefícios da hidroginástica para gestante. 13 maio 2017. Disponível em: <https://www.youtube.com/watch?v=5srsEhGbKY4>. Acesso em: 3 out. 2019.

Este vídeo apresenta alguns exercícios da modalidade hidro action:

HIDRO Action. 30 ago. 2016. Disponível em: <https://www.youtube.com/watch?v=DbonhXUyIII>. Acesso em: 25 maio 2019.

3.3 Aplicabilidade de jogos e brincadeiras na recreação aquática

O brincar consiste em uma atividade que leva as crianças a interagir com o meio, desenvolvendo a imaginação, a personalidade, a inteligência e a criatividade, além de aprender a interagir com os colegas. A brincadeira, necessária para o desenvolvimento das crianças, deve ser vivenciada sempre. Para Grutka, Barbosa e Rodrigues (2016), as brincadeiras na água tendem a motivar as crianças durante o aprendizado da natação. Durante as aulas, o mais importante é propiciar às crianças momentos de lazer, segurança e diversão, contribuindo para o desenvolvimento dessas características. O aprendizado técnico das atividades aquáticas será consequência. Conforme Grutka, Barbosa e Rodrigues (2016, p. 6),

> um ambiente envolvido em brincadeiras aumenta o nível de motivação da criança para a realização de atividades na natação para enfrentar desafios, favorecendo um aumento na autoestima, suscitando emoções positivas, influindo também nos níveis de esforço, persistência, adesão e envolvimento nas tarefas propostas.

Segundo Queiroz (2000, p. 23), "as atividades aquáticas se tornam elemento importante de interação entre a criança e o meio líquido" e, com o decorrer do tempo, a criança se adapta e são atingidos os objetivos propostos no que se refere ao desenvolvimento da locomoção. À medida que os professores compreendem melhor essas potencialidades, há a possibilidade de aumentar o desenvolvimento da criança (Negrine, 1994).

Quadro 3.3 Relação entre autor e objetivos

Autor	Objetivos
Gutierres Filho (2003)	Ressalta que as brincadeiras influenciam o desenvolvimento global da criança durante as aulas. Elas se tornam um facilitador importante para melhorar o desenvolvimento da criança, proporcionando ganho significativo nas condições corporal, psíquica e cognitiva, desenvolvendo, assim, um indivíduo feliz e sadio em seu dia a dia.
Cavallari; Zacarias (2008)	Chamamos de *atividade lúdica* a "atividade que a pessoa pratica e através da qual ela consegue atingir sua recreação" (p. 139).
Geis (2003)	A recreação aquática é uma atividade que tem como objetivo principal levar a criança a se divertir e se sentir bem.
Velasco (1997)	A brincadeira propicia a "evolução da criança como sinônimo de conscientização e o conhecimento cada vez mais profundo do corpo" (p. 59).
Le Boulch (1982)	No aprendizado da criança, a natação proporciona desenvolvimento psicomotor. O autor afirma que a atividade corporal global em uma perspectiva de desenvolvimento nesse estágio ocorre porque "traduz a expressão de uma necessidade fundamental de movimento de investigação e de expressão que deve ser satisfeito (p. 130)".

Os objetivos evidenciam que a criança tem a necessidade de se expressar e vivenciar ações que a levem a descobertas diferentes. As atividades aquáticas contribuem ao estimular a percepção do próprio corpo nos níveis cognitivo e motor.

Figura 3.5 Brincadeiras aquáticas

Isaac Lane Koval/Fancy/Glow Images

Figura 3.6 Brincadeiras aquáticas

AMELIE-BENOIST/BSIP/Glow Images

    Para Corrêa e Massaud (2004), essa troca de experiências deve ser algo constante nas aulas, pois as atividades com caráter lúdico e os jogos cooperativos contribuem para a fixação dos exercícios. O professor deve, então, "lançar mão de sua capacidade de fantasiar para despertar o brincar em seus alunos, em suas aulas, fazendo com que a criança associe as fantasias daquele brincar, já que ambos, brincar e fantasiar, fazem parte do potencial criativo das crianças" (Tahara, 2007, p. 5).

Freire (2004) relaciona a participação dos alunos nas brincadeiras aquáticas ao envolvimento do professor, que deve motivá-los em atividades prazerosas.

Figura 3.7 Brincadeiras aquáticas

Ribeiro, Alves e Ferreira (2010) afirmam que não existem atividades específicas para cada idade. Elas são adaptáveis, desde que o professor respeite as características dos alunos. O Quadro 3.4 apresenta algumas orientações de acordo com a faixa etária dos alunos.

Quadro 3.4 Classificação das atividades segundo a faixa etária

Faixa etária	Características para as atividades
Crianças até 6 anos	Atividades lúdicas, imaginação, percepção corporal, equilíbrio e lateralidade.
	Trabalhar atividades em grupo, brincadeiras, jogos de imaginação, brinquedos cantados.

(continua)

(Quadro 3.4 – conclusão)

Faixa etária	Características para as atividades
Crianças de 6 a 8 anos	Movimentação, discriminação visual e auditiva, memória, aceitação de regras, convivência em grupo.
	Trabalhar brincadeiras, pequenos jogos, atividades em equipe, desafios e atividades que gerem muito movimento.
Crianças entre 8 e 10 anos	Atividades em grupo, memória, raciocínio concreto, algumas características de reflexão.
	Trabalhar atividades variadas, com destaque para pequenos jogos, atividades em equipe, atividades que envolvam estratégias, atividades de raciocínio e atividades que desafiem os alunos.
Crianças entre 10 e 12 anos	Como é comum a separação de sexo, o professor deve ser mais incisivo nas atividades solicitadas, pois os alunos começam a perder o interesse pelas brincadeiras.
	Trabalhar grandes jogos simplificados que desafiem os alunos, atividades de integração social e, principalmente, atividades que eles possam trabalhar em equipe.

Fonte: Elaborado com base em Ribeiro; Alves; Ferreira, 2010, p. 46-48.

A seguir, listamos alguns jogos e brincadeiras que podem servir de inspiração para você desenvolver as próprias atividades, conforme o perfil e a disposição das turmas.

1. Passar a bola

Material: 2 bolas.

Desenvolvimento: o professor deve dividir as crianças em dois times, formando-se uma fila em cada time. O primeiro jogador de cada time segura uma bola. Quando o sinal for dado, eles deverão passar a bola para o jogador de trás, por entre as pernas; o segundo jogador passará a bola por cima de sua cabeça, e eles continuarão alternando até chegar ao último jogador da fila. A criança que estiver no final terá de nadar com a bola para a primeira posição e recomeçar a passar a bola. Ganha a equipe que completar o percurso e voltar para a formação original. (Kisol Piscinas, 2019).

2. Chocar o ovo

Material: 12 balões cheios.

Desenvolvimento: o professor deve colocar os balões cheios em uma extremidade da piscina, e os alunos devem estar na outra extremidade. Ao sinal do professor, os alunos têm de nadar até os balões. Ganha o aluno que conseguir manter o maior número de balões embaixo de si por meio minuto. É permitida a tentativa de pegar os balões dos outros jogadores, porém não podem prender os balões na sunga ou no maiô (Kisol Piscinas, 2019).

3. Tubarão

Desenvolvimento: os alunos devem ficar espalhados pela piscina. O professor deve escolher um aluno, que será o tubarão (pode ser um aluno ou o próprio professor). O "tubarão" deve sair para "caçar suas presas" (os alunos presos devem estar dispersos na piscina). Para isso, vale se deslocar de qualquer forma na piscina. Ao prender a presa, o tubarão deve levá-la para uma parte da piscina estabelecida antes do começo do jogo; nesse local, devem ficar todas as presas. Para que haja a troca do tubarão, este terá de prender pelo menos três pessoas.

4. Espuminha

Materiais: espumas do tamanho da palma da mão de uma criança; 2 baldes.

Desenvolvimento: o professor deve dividir a turma em duas equipes. Cada aluno deve segurar uma espuma na mão e, ao sinal do professor, cada equipe deve encher o balde com a água acumulada em sua espuma. Esse balde precisa ter uma marcação, e a equipe que conseguir encher primeiro será a vencedora.

5. Peixinho e baleia

Desenvolvimento: o professor escolhe um aluno que será a baleia; todos os outros alunos da turma serão os peixinhos. O professor deve dar os nomes: *peixe-boi*, *bagre*, *palhaço*, etc. A baleia deve dizer: "Baleia está com fome", e os peixinhos devem responder: "Quer comer o quê?"; então, a baleia responde um nome de um dos colegas (peixe) da turma. Aqueles alunos que forem o peixe escolhido deverão atravessar a piscina sem serem pegos pela baleia. Quando a baleia pegar um peixe, este passará a ser a nova baleia.

6. Brincadeira da camiseta

Material: 2 camisetas grandes.
Desenvolvimento: o professor divide a turma em duas equipes, e cada uma delas deve formar uma fila em uma das bordas da piscina. O primeiro aluno de cada fila deve estar com uma camiseta. O objetivo da brincadeira é que cada aluno nade ou se desloque sem colocar o pé no chão até a outra borda. Ao chegar lá, ele tira a camiseta e a deixa na borda. Ele volta para sua fila deslocando-se e, ao chegar o outro integrante da equipe, este vai nadando até a outra borda. Ao chegar lá, coloca a camiseta e volta da mesma forma, sucessivamente. Ganha a equipe que terminar primeiro.

7. Levante o balde

Material: 1 balde, canudinhos plásticos, pedras ou lastro.
Desenvolvimento: o professor deve colocar um balde com alça de boca para baixo, preso ao fundo por pedras ou chumbo de lastro. Depois, deve dividir o grupo em duas equipes e dar um canudinho (15 cm) de mangueira para cada aluno. Um grupo de cada vez tem de mergulhar e soprar ar pelo canudinho dentro do balde até que, cheio de ar, o balde flutue. O professor vai cronometrar o tempo das duas equipes para definir a vencedora, isto é, aquela que levantar primeiro o balde (Lima, 2000, p.26).

8. Polo a cavalo

Material: 1 espaguete para cada criança.

Desenvolvimento: se a piscina for um pouco funda, acima de 1,30 m, essa brincadeira é ideal. Cada aluno utiliza um espaguete como cavalo, e o professor adapta a atividade como se fosse um polo aquático (Lima, 2000, p. 33).

9. Passe embaixo

Desenvolvimento: o professor divide a turma em duas equipes, e cada integrante deve estar com as pernas afastadas lateralmente em uma fileira. O último integrante de cada equipe, ao sinal do professor, deve vir mergulhando entre as pernas dos amigos até chegar à frente da fila e tornar-se o primeiro. Essa atividade deve ser realizada um a um até que todos os alunos completem o exercício (Lima, 2000, p. 36).

10. Foguete

Material: 1 macarrão para cada aluno.

Desenvolvimento: os alunos devem ficar em duplas. Ao sinal do professor, um carrega o outro deitado no macarrão. Os alunos devem trocar de duplas sempre ao sinal do professor (Ribeiro; Alves; Ferreira, 2010, p. 71).

11. Vôlei aquático

Materiais: 1 bola de borracha, 1 rede.

Desenvolvimento: o professor deve dividir a turma em duas equipes, entregar uma bola de borracha e demarcar o campo por uma rede. Ganha a equipe que conseguir colocar a bola mais vezes no campo adversário. A atividade pode ser feita por tempo (Ribeiro; Alves; Ferreira, 2010, p. 81).

12. Bola/Bexiga

Material: 1 bexiga para cada aluno.

Desenvolvimento: o professor entrega uma bola ou bexiga para cada aluno e divide a turma em duas equipes de revezamento. Ao sinal do professor, um membro de cada equipe cumpre a tarefa solicitada pelo professor com a bola e/ou bexiga. Variações: empurrando com a barriga, com a cabeça, soprando, fazendo onda, segurando e batendo pernas, jogando água. Ganha a equipe que chegar primeiro (Lima, 2000, p. 51).

As atividades de jogos e brincadeiras podem ser feitas com todas as faixas etárias: crianças, jovens, adultos e idosos. O mais importante é variar as brincadeiras. Para isso, o professor pode se inspirar em suas experiências, em sua imaginação e em sugestões de alunos.

3.4 Organização e planificação de aulas: como fazer e por que fazer

Uma aula bem planejada se embasa em diversos conhecimentos científicos e técnicos, além de repetições de movimentos e sequências pedagógicas separadas que organizam o movimento da parte para o todo (Pereira, 1999). Lima (2006) ressalta que, antigamente, a aprendizagem da natação era desenvolvida por um modelo de aula detalhista e mecanicista. Ele priorizava a organização técnica, em detrimento do caráter pedagógico. Esse modelo de aprendizagem foi uma prática recorrente até o fim da década de 1980. Mansoldo (1996) afirma que a natação tem um desenvolvimento múltiplo que e não devem ser trabalhadas somente ações repetitivas. As aulas de natação devem explorar a educação, a segurança individual, a disciplina, a saúde, a recreação e a destreza.

Conceitualmente, os métodos de ensino são ações para os professores organizarem suas atividades educacionais, seja em uma escola, seja em um programa de treinamento, seja nas aulas de natação. Esses métodos induzem à assimilação de conhecimentos que, segundo Libâneo (1994), possibilitam o desenvolvimento das capacidades cognitivas e operacionais dos alunos.

Importante!

Em pesquisa realizada por Santos e Mafra (2019), foram identificados os seguintes métodos de ensino em academias de natação: global, parcial, misto, tecnicista, demonstrativo e analítico.

Ao organizar uma aula, o professor deve fazer a seguinte reflexão: Como fazer e por que fazer? A metodologia de ensino delineia as perspectivas imediatas dentro do planejamento e sistematiza o processo pedagógico de ensinar a natação. É importante que o professor conheça o movimento técnico dos estilos de nado a ensinar. Isso lhe permite corrigir erros de movimentos, além de formar, estabilizar e refinar a coordenação motora. A imagem do nado ou do exercício ideal não deve estar separada de uma boa experiência do movimento pelo professor. Algumas vezes, a realização do movimento técnico errado ou dificuldades de aprendizagem pela criança podem ser decorrentes de orientações imprecisas. Se o professor não souber como fazer, dificilmente o aluno conseguirá executar os movimentos de forma satisfatória. Então, podemos afirmar que os métodos de ensino são de grande importância para a aprendizagem.

A demonstração permite visualizar os movimentos com mais facilidade, fazendo o aluno familiarizar-se com eles. Nessa estratégia, o professor apenas demonstra o movimento e o aluno tenta reproduzi-lo, sem prévia orientação (Herrera, 2019). Assim:

- As demonstrações devem ser claras em sua execução e lentas em seus movimentos.
- O professor deve repetir a demonstração quantas vezes forem necessárias.
- O professor deve manter a atenção dos alunos em sua demonstração.
- As demonstrações devem ser em ordem: do geral para o parcial, obedecendo à sequência metodológica.
- O professor deve apresentar um exercício por vez e depois executá-lo. Somente quando os objetivos forem atingidos é que deverá passar à demonstração de outro exercício.

A linguagem a ser utilizada pelo professor deve se adaptar à idade média da turma. Herrera (2019) aponta:

- Alunos de 7 a 10 anos demandam que o professor use uma linguagem clara, concisa e objetiva, com palavras do vocabulário deles, facilitando a compreensão da comunicação entre professor e o aluno.
- Alunos de 11 a 14 anos compreendem melhor o professor, pois possuem maior vocabulário e mais conhecimento de linguagem desportiva, permitindo-lhe ser mais objetivo.
- Jovens maiores de 15 anos possuem maior nível de conhecimento, exigindo do professor explicações mais técnicas e detalhadas.

Lima (1999) ressalta que a aplicação de estratégias educacionais contribui para que o professor seja visto como alguém que tem postura profissional. Para isso, apresenta algumas estratégias para que a aula seja sempre clara, objetiva e alegre:

a. Observar os temas que interessam os alunos, de acordo com sua faixa etária. Sempre estar atento a músicas, tipos de jogos e histórias que as crianças mencionam durante as aulas.
Os jovens gostam de desafios, como: melhorar seu tempo, atividades em grupos, entre outros.

Adultos gostam de saber o planejamento das aulas do professor, sua melhoria em metragens de aula, se ocorre aumento de massa muscular e perda de peso e, principalmente, de aulas diferenciadas. Atividades extra-aulas são bem-vindas por eles como atividades socializadoras.

b. *Sempre diversificar suas aulas para qualquer um dos grupos; a sugestão é finalizá-las com alguma atividade recreativa. As atividades de recreação em aulas para crianças devem acontecer sempre; para jovens e adultos, o professor pode planejá-las uma vez por semana, pois possibilitam aos alunos mais leveza, soltura e relaxamento após um dia tenso de estudo ou de trabalho.*

c. *Se perceber que sua aula está monótona, parada e sem motivação, procure entre os alunos um detalhe solto, como, por exemplo: uma frase de um aluno, ou determinada atitude, que possibilite a você, professor, criar um fato ou situação diferente e que poderá motivar seus alunos durante a aula.* (Lima, 1999, p. 170-171)

3.5 Modelos de aulas em atividades aquáticas

Algumas escolas e academias de natação desenvolvem uma metodologia própria, que deve ser seguida por qualquer profissional contratado. Cabe ao profissional de natação saber escolher a fundamentação de alguns modelos de aula.

Adaptação ao meio líquido

Conteúdo: Período de ambientação do aluno.
Objetivos: levar o aluno a se descontrair e explorar o meio líquido.
Procedimentos: deslocamentos dentro da água. Exemplo: caminhar em diversas direções, saltar, realizar variantes com e sem auxílio, com e sem apoios, em diferentes direções e ritmos.
Atividades: alunos de mãos dadas em um círculo devem caminhar juntos para um lado; depois para outro, com diferentes po-

sições de perna: joelhos flexionados, elevando calcanhar até o quadril, modificando o ritmo dos movimentos. Os alunos devem correr segurando uma bola, soltando-a assim que a água estiver na altura do ombro; seguindo a exploração da piscina, segurando na borda e voltando da mesma maneira.

Proposta: adaptação

Conteúdo: Adaptação polissensorial.
Objetivo: levar o aluno a se descontrair ao sentir a água caindo no rosto.
Procedimentos: os alunos devem espirrar e jogar água pelo rosto com e sem auxílio do professor, com ou sem materiais.
Atividades: os alunos devem estar sentados na borda da piscina. O professor enche um pequeno regador de água e despeja-a sobre a cabeça do aluno, de trás para frente, deixando que a água escorra pelo rosto e demais partes do corpo. O professor fará sinais subaquáticos com as mãos e caberá ao aluno identificar esses sinais, verbalizando ou demonstrando ao professor o que imagina que seja. Isso exigirá do aluno a abertura de seus olhos na água.

Plano de aula – de 7 a 8 anos

Conteúdo: Iniciação ao nado crawl
Duração da aula: 50 minutos.
Objetivo geral: coordenar pernas e braços com início da respiração frontal.

1ª parte: Aquecimento

Duração: 5 minutos.
Correndo em volta da piscina, de forma organizada, ao sinal do professor (pode ser por meio de um apito), os alunos devem pular na água e sair dela rapidamente, voltando a correr novamente.

Repetir várias vezes. O professor deve chamar a atenção deles sobre o equilíbrio do corpo na água e fora dela, quando saltarem na água.

Andando, ao sinal do professor, todos devem se agachar e saltar com os braços estendidos para cima. Repetir várias vezes, conforme achar necessário.

2ª parte: Formação corporal e educação do movimento
Objetivos: levar o aluno a executar os seguintes movimentos. Batimento de pernas (com e sem materiais), rotação de braços (com e sem materiais) e respiração frontal com material.
Duração: 30 minutos.

De forma organizada, cada aluno deve atravessar a piscina de um lado para outro, com batimento de pernas e com os braços estendidos à frente. Se houver necessidade, realizar respiração frontal. Proceder da mesma forma, com auxílio de uma prancha. Observação: Realizar várias vezes, conforme a necessidade e o desempenho de cada aluno.

Com os braços estendidos à frente, os alunos devem realizar a rotação dos braços, acompanhando com batimento de pernas de um lado para o outro da piscina, indo com o braço direito e voltando com o esquerdo. Da mesma forma, com os braços alternados. Repetir o mesmo processo com auxílio de uma prancha.

Fonte: Barbalho, 2019.

Síntese

Propusemos uma reflexão sobre a formação profissional para o meio aquático, ressaltando a importância da qualificação para atuar na área. Retomamos os estudos sobre hidroginástica, abordando características, definições, aplicabilidade de ação no meio aquático e organização e planejamento das aulas.

Apresentamos exemplos de atividades recreativas, ressaltando a importância de diferentes propostas de ensino para a recreação aquática, independentemente da idade do grupo com o qual se trabalha. Ressaltamos que um bom professor deve sempre estar atento à formação integral de seu aluno. Estratégias, organização e planejamento fazem parte do dia a dia do profissional e não devem ser relegados a um segundo plano.

Revisamos algumas regras de comportamento, segurança e postura profissional, tais como: usar proteção, caso trabalhe no sol; promover atividades prazerosas para os alunos, as quais são responsáveis pelo bem-estar deles; programar atividades de sociabilização; trabalhar atividades de nível moderado a progressivo; trabalhar atividades aeróbicas e anaeróbicas para adaptação do organismo.

Apontamos como planejar estruturalmente uma ou mais aulas de natação e hidroginástica, organizando a aula, os exercícios e os materiais. Ao trabalhar com crianças, vimos que a ênfase está no brincar, pois as descontrações servem como ferramentas para auxiliar o aprendizado, tornando-o mais prazeroso. É importante associar planejamento com recursos científicos diferenciados no desenvolvimento das aulas, pois a prática da natação apresenta múltiplos aspectos, e não devem ser trabalhadas ações repetitivas. Por fim, destacamos que o ato de ensinar precisa de método para atingir seus objetivos de forma eficiente.

Atividades de autoavaliação

1. Considerando que o brincar faz parte das aulas de natação, avalie quais afirmações se referem a conhecimentos e domínios esperados do professor.
    i. O professor deve saber avaliar os tipos de brincadeiras a serem utilizadas em suas aulas, respeitando a faixa etária dos grupos trabalhados.

II. Ao trabalhar com adolescentes, deve ser priorizado o ensino da técnica, visto que alunos nessa faixa etária não se interessam mais por jogos e brincadeiras.
III. Usando brincadeiras, o professor tende a motivar mais as crianças para a realização das tarefas, pois o processo de aprendizagem se torna mais divertido.
IV. O papel do professor é fundamental para garantir a motivação de seus alunos durante as aulas.

É correto apenas o que se afirma em:

a) I.
b) I e IV.
c) I e III.
d) I, II e III.
e) I, III e IV.

2. Analise as afirmativas a seguir.
   I. Todas as vezes que o professor for falar com seu aluno, deve se posicionar sempre de frente para ele, nunca de costas.
   II. O professor deve optar pelo uso de chinelo exclusivo para a borda da piscina, garantindo a higiene do local.
   III. O tom de voz é muito importante. Durante as aulas, o professor deve usar tonalidades diferentes, nem muito altas para os alunos que estão próximos nem muito baixas para os mais distantes.
   IV. Durante as aulas, o professor pode jogar os materiais aos alunos, desde que ele tenha uma visão geral de onde os alunos estão na piscina.

   Agora, assinale a alternativa certa:

   a) Todas as afirmativas são corretas.
   b) Somente a afirmativa I é incorreta.
   c) Somente as afirmativas II e III são incorretas.
   d) Somente as alternativas I, II e III são corretas.
   e) Todas as alternativas são corretas.

3. Atualmente, com a expansão das academias, a hidroginástica tornou-se uma das atividades que mais crescem no ramo *fitness*. Sobre essa modalidade, analise as afirmações a seguir.

   I. A hidroginástica consiste em um conjunto de exercícios físicos executados dentro da água, com o objetivo de aumentar a força e a resistência muscular do praticante. Ela também possibilita a melhora da capacidade cardiorrespiratória e da amplitude articular do praticante, pois utiliza os efeitos da água e sua resistência como sobrecarga.
   II. Em virtude das propriedades da água, o meio líquido altera as condições de realização do exercício. Ao se movimentar, o aluno sente a resistência da água.

   Agora, assinale a opção correta:
   a) As duas afirmações são verdadeiras, e a segunda justifica a primeira.
   b) As duas afirmações são verdadeiras, e a segunda não justifica a primeira.
   c) A primeira afirmação é verdadeira e a segunda, falsa.
   d) A primeira afirmação é falsa e a segunda, verdadeira.
   e) As duas afirmações são falsas.

4. A hidroginástica conta com várias modalidades. Identifique a que se referem as definições a seguir, usando o seguinte código: HP – *hidropower*; AS – *acqua spin*; DW – *deep water*; e AT – *acqua training* .

   ( ) Aula realizada em circuito, explorando atividades de pedalada, corrida, trabalho de força dos membros superiores e salto no *jump*.
   ( ) Aula de ciclismo aquático, realizada em uma bicicleta desenvolvida para a modalidade.
   ( ) Aula realizada em formato de circuito, na qual os alunos são divididos em três ou mais grupos com exercícios específicos.

( ) Aula em que o aluno realiza os exercícios em águas profundas, com ou sem ajuda do colete flutuante.
( ) Nessa aula, o corpo do aluno permanece na vertical com a água na linha dos ombros.
( ) Para o desenvolvimento da resistência aeróbica e anaeróbica, o professor utiliza músicas, que ditam o ritmo e a intensidade da aula.

Agora, assinale a alternativa que corresponde à sequência obtida:

a) AS, HP, AT, AS, DW, AS.
b) AT, AS, HP, DW, DW, AS.
c) AS, HP, DW, DW, AT, AS.
d) AT, AS, HP, HP, DW, AS.
e) DW, AS, AS, SW, DW, AS.

5. Em relação ao programa de hidroginástica e às modificações decorrentes do processo de envelhecimento, considere as afirmativas a seguir.

I. Trabalhar atividades moderadas e progressivas prepara gradativamente o organismo para suportar estímulos cada vez mais fortes.
II. Trabalhar exercícios de alongamento possibilita o ganho de flexibilidade e de mobilidade.
III. Trabalhar atividades de resistência visa reduzir restrições no rendimento pessoal.
IV. Atividades recreativas não produzem endorfina e andrógeno, os quais não são responsáveis pela sensação de bem-estar e recuperação da autoestima.

Agora, assinale a alternativa certa:

a) Todas as afirmativas estão corretas.
b) Somente a afirmativa I está incorreta.
c) Somente as alternativas II e III estão incorretas.
d) Somente as alternativas I, II e III estão corretas.
e) Todas as alternativas estão corretas.

Atividades de aprendizagem

Questões para reflexão

1. Neste capítulo, destacamos a importância do processo metodológico para o ato de ensinar. Com base nisso, desenvolva uma aula para crianças de 7 anos e uma aula para idosos. Nessas aulas, os dois grupos devem estar na fase de adaptação ao meio líquido. Lembre-se de registrar o processo de desenvolvimento dessa ação. Por fim, aponte a diferença metodológica na preparação das duas aulas.

2. Selecione dois textos relacionados à formação do profissional de educação física. Identifique e compare como esses materiais descrevem a formação geral em educação física e a formação específica para professor de natação. Indique as tarefas cotidianas que aproximam o profissional da descrição contida no texto. Reúna-se com seus colegas e discutam o tema.

Atividade aplicada: prática

1. Assista a uma aula de hidroginástica para adultos e anote como foi desenvolvida. Organize o planejamento de algumas aulas para esse grupo, considerando o que você observou e o fato de que suas aulas serão ministradas duas vezes por semana, durante duas semanas. Você deve fazer o planejamento geral e o plano de cada aula. Compare seu planejamento com o conteúdo deste capítulo. Reencontre o professor da aula a que você assistiu e converse sobre o planejamento produzido.

Capítulo 4

Conhecendo os alunos

N**este capítulo,** abordaremos o trabalho com bebês e crianças no meio aquático e voltaremos a tratar das práticas com adolescentes, adultos e idosos, além de apresentarmos a modalidade de natação máster.

Ao pensar em uma aula de natação e no papel do professor, seja em uma escola de natação, seja em uma academia, seja em um clube, você sabe que tipo de aluno o profissional vai encontrar? Essa é uma informação importante. Para que o professor possa organizar suas aulas, é necessário ter conhecimento sobre todos os aspectos do desenvolvimento de cada um de seus alunos. Por isso, começaremos a distinguir as características desse público.

4.1 Identificação dos alunos no campo de intervenção aquática

Cabe ao professor ter sensibilidade e conhecimento para, de acordo com sua turma e seus alunos, fazer com que sua aula seja atrativa. Atributos como empenho, conhecimento, afetividade, engajamento e organização são essenciais para que os alunos se sintam à vontade no ambiente aquático.

Ao falarmos em desenvolvimento profissional, estamos pensando especialmente no novo profissional que a área está formando, o bacharel em Educação Física. Ele deve estar apto para atender seus clientes[1] e alunos de forma organizada, fornecendo orientação adequada e conhecimento específico.

Por conta disso, o mercado de trabalho é cada vez mais exigente. Ressaltemos que a área da natação é considerada uma especialidade, ou seja, além do currículo comum a todos os profissionais de Educação Física, é necessário dispor de conhecimentos específicos para essa função.

Sendo professor de natação, qual seria o público com o qual você gostaria de trabalhar? Por quê? Vamos agora conhecer os prováveis alunos de natação de modo que, com base nas descrições,

---

[1] É comum a referência a *alunos* quando a prática está inserida em um programa educacional típico do ambiente escolar básico ou superior, público ou privado. A denominação de *clientes* diz respeito aos frequentadores de academias e clubes ou aqueles atendidos por um *personal training*.

você possa verificar se já consegue identificar o perfil com o qual gostaria de trabalhar, se for o caso.

Antes de começar a elaborar as aulas, o professor deve refletir sobre as seguintes questões: Quais estratégias usar para garantir boas aulas e fidelização de seus alunos? Podem ser utilizadas as mesmas estratégias para grupos diferentes? Como organizar programas de natação para bebês? Que conhecimentos são necessários? O que é preciso observar no que se refere ao tipo de piscina, à temperatura da água e à organização do local? E se pensarmos em aulas para crianças? Dependendo da idade, que estratégias seguir? E para alunos adolescentes, adultos ou idosos?

Grupos diferentes de alunos requerem estratégias diferentes de aula. Porém o objetivo é um só: o ensino da natação.

De acordo com Bueno (2017), quando um aluno tem dificuldades de aprendizado e desiste da modalidade, o professor deve se perguntar até que ponto aquele aluno foi percebido em sua totalidade. Ao chegarem às aulas, os alunos trazem consigo medos, interesses, prazeres, dúvidas e anseios. Essa estrutura mental será reproduzida em seus corpos, e será dessa forma que se comportarão na água. O professor de natação deve sempre observar dois aspectos no processo de interação com seus alunos. Segundo Muller (2002, p. 276),

> o aspecto da transmissão de conhecimento e a própria relação pessoal entre professor e aluno e as normas disciplinares impostas. Essa relação deve estar baseada na confiança, afetividade e respeito, cabendo ao professor orientar o aluno para seu crescimento interno, isto é, fortalecer-lhe as bases morais e críticas, não deixando sua atenção voltada apenas para o conteúdo a ser dado.

Os professores de natação devem se embasar em abordagens metodológicas seguras, com boa fundamentação teórica e conteúdos específicos para a modalidade. Sua aplicação, contudo, não deve ser rígida. O professor precisa respeitar a individualidade e o processo de ensino da turma. Nadar em uma piscina estruturada para aulas é diferente de nadar em piscinas de clubes ou naturais, como rios, lagos e no mar. Da mesma forma, ensinar em uma escola para uma turma de crianças, por exemplo, é diferente de ensinar para uma turma de idosos em uma academia. O professor deve conhecer seus alunos, identificar sua classe social, cultura, valores e objetivos, que tendem a variar conforme cada aluno.

Indicações culturais

A monografia indicada a seguir reúne conhecimentos sobre a formação do professor de natação.

LEITE, A. F. et al. **Natação**: conhecimento e formação do professor. Trabalho de Conclusão de Curso (Especialização em Natação e Hidroginástica) – Universidade Gama Filho, Rio de Janeiro, 2007.

4.2 Possibilidades de trabalho com bebês e crianças no meio aquático

A educação física nos proporciona contato com os mais diversos grupos de alunos, especialmente na natação, uma atividade que pode ser praticada durante todas as fases da vida, o que inclui os **bebês**. Durante a gestação, o bebê fica envolto na água. Nada mais natural que, após o nascimento, sua relação com a água se mantenha. A natação infantil, segundo Damasceno (1994), é uma estimulação essencial que visa garantir, de acordo com uma estratégia educacional, o equilíbrio e o desenvolvimento da personalidade infantil.

Atualmente, há centros especializados em natação infantil. Muitas vezes, pais e familiares admitem ter medo de inserir crianças tão pequenas nas aulas. Porém, o bebê não sabe o que significa a palavra *medo*. São os pais que têm esse medo (Fontanelli; Fontanelli, 1985). Portanto, surgem as seguintes questões: Qual é a idade mínima para iniciar a natação para bebês? Podemos usar o termo *aula de natação* para bebê? Qual é o local ideal para fazer as aulas? Qual é a temperatura ideal da água? Como procurar locais que realmente possam oferecer essas atividades?

São vários os nomes utilizados para a prática. Bresges (1980) chamava de *natação para lactantes*. Barbosa (1999) sugeria *adaptação ao meio líquido na primeira infância, atividades aquáticas para bebê*, entre outros.

A literatura aponta que a idade mínima para o início das aulas seja dos 3 até os 36 meses de idade, pois, após esse período, os bebês já mantêm a cabeça na posição vertical. Fontanelli e Fontanelli (1985) e Barbosa (1999) concordam em estabelecer essas idades. No entanto, Sarmento e Montenegro (1992) e Saavedra, Escalante e Rodríguez (2003) afirmam que a idade mínima correta é 6 meses.

As aulas para bebês costumam ter a presença das mães ou responsáveis. O adulto auxilia o professor a ministrar os exercícios e cuidar do bebê. Dessa formam, as aulas aumentam o tempo de convívio com a criança, principalmente para mães que voltam a trabalhar após a licença-maternidade. E, cada vez mais, o pai é uma presença constante. As aulas também preparam o bebê para o convívio social, pois, em muitos casos, serão sua primeira experiência junto a outras crianças.

Importante!

Nunca coloque os bebês em turmas de outras faixas etárias.

É evidente que, para atividades com bebês, vários cuidados adicionais devem ser tomados por professores, pelos pais e pela administração do clube, academia ou escola, entre os quais podemos citar:

- A água deve estar a uma temperatura entre 31° e 33°C.
- A piscina deve obedecer rigorosamente às determinações técnicas de tratamento de água.

- O pH da água não pode irritar a pele e as mucosas do bebê, pois eles não fecham os olhos ao mergulhar.
- A borda e o piso da piscina devem ser higienizados constantemente.
- Deve-se utilizar cloro no piso a cada três dias e orientar as mães para que o chinelo usado seja exclusivo para o ambiente.
- No vestiário, é importante ter um espaço especial para a troca de roupa do bebê. A passagem do vestiário para a piscina deve ser fechada, pois correntes de ar poderão interferir na saúde da criança.
- Os pais devem conhecer a escola, o ambiente e, se possível, os professores que trabalharão com seu filho.
- As atividades devem começar somente após o aval do pediatra do bebê.

É importante ressaltar o papel dos professores e dos pais durante as aulas: "Os pais pelo vínculo natural existente e o professor pelo seu papel de detentor do conhecimento, aquele que também transmitirá a confiança e técnicas necessárias para aqueles que, dentro da água, terão contato direto com o bebê" (Muriano; Oliveira, 2015, p. 21-22).

Figura 4.1 Natação para bebês – adaptação

Figura 4.2 Natação para bebês – mergulho

Willyam Bradberry/Shutterstock

A água é um bom ambiente para os bebês criarem noções espaciais, desenvolvidas ao longo das aulas, em atividades estáticas ou de movimentação. Ferreira (2019) também aponta a melhoria da coordenação motora. Muriano e Oliveira (2015, p. 19) ressaltam que "o objetivo de iniciar atividades aquáticas para bebês não deve ser o de aprender a nadar e o autossalvamento. As aulas de natação devem cooperar com o desenvolvimento psicomotor do bebê e o avigoramento do início de sua personalidade".

Brito, Sabino e Souza (2007, p. 31) afirmam que um programa de atividades de natação para bebês resulta em:

a. A aquisição do sentimento de "confiança básico", eixo da personalidade e matriz da confiança social;
b. A seleção e gradação dos estímulos sensório-motores para obtenção de respostas adaptativas mais adequadas e hierarquicamente úteis para a transferência da aprendizagem;
c. A adequação aos estímulos perceptivo-motores no preciso momento evolutivo, tornando irreprodutível se oferecido mais tarde com as mesmas características naturais e nas mesmas condições;
d. A utilização da base reflexa antes de sua extinção, para a construção de sistemas funcionais econômicos através de propostas sistemáticas de aprendizagem;

e. *O conhecimento e domínio progressivo do corpo, que facilitam a formação de uma imagem corporal integrada e rica através do sensório–percepção;*

f. *A formação de base da inteligência, a partir das oportunidades oferecidas, em quantidade e qualidade adequadas, de exercitar sua vontade em realizar experiências;*

g. *A comunicação entre a criança e o professor (adulto) através do gesto e da ação, como medida prévia para uma comunicação simbólica e integrada em seus três níveis de expressão: pré-verbal, paraverbal e verbal;*

h. *A instauração de um vínculo pedagógico personalizado e cooperativo, aberto à mutualidade família – escola de natação, a fim de formar um arquétipo educativo social válido.*

Ressaltemos que, para os bebês, "as sensações positivas são ainda maiores, pois favorecem o contato com seus pais, despertam emoções, estimulam o desenvolvimento de diversos movimentos, desde os reflexos involuntários aos voluntários" (Muriano; Oliveira, 2015, p. 31).

Apresentamos, a seguir, algumas atividades a serem realizadas com bebês:

- passeio pela piscina;
- deslizes;
- imersão vertical e horizontal do bebê;
- flutuação de costas com o bebê mamando na mamadeira e também no colo da mãe;
- fazer bolhas na água;
- saltos e imersões, conforme ele vai crescendo;
- agarrar na borda;
- mergulhos;
- atividades recreativas.

Os materiais pedagógicos são importantes para o desenvolvimento das habilidades iniciais e fundamentais dos bebês, pois criam um ambiente propício para a aprendizagem e estimulam a criança a descobrir, experimentar, explorar, inventar e comparar.

Os brinquedos aquáticos proporcionam momentos de ludicidade na aula. São decorativos, simbólicos, pedagógicos e lúdicos.

Durante as aulas, o bebê percebe:

- as água em suas diversas propriedades: extensão, cor, profundidade, odor, temperatura e movimento (agitada ou calma);
- as cercanias da piscina, o piso, os locais de acesso, as escadas, os brinquedos, as boias, os objetos fixos e móveis, as cores;
- as pessoas na piscina, os trajes, a aparência, o timbre de voz, as músicas, as reações afetivas.

Nas primeiras atividades de imersão, os bebês com menos de 1 ano de idade podem realizar atividades com: sinal sonoro, sopro no rosto, deslize lateral, borrifos de água no rosto; todas essas atividades são seguidas por imersão na água. A maior parte dos exercícios segue um padrão: o professor explica a atividade e os pais a aplicam. Até os bebês completarem 1 ano de idade, o papel do professor é, sobretudo, de mediador. Após, o professor assume a condução das atividades.

Figura 4.3 Natação para bebês – flutuação

Lena May/Shutterstock

No início, alguns bebês têm medo da água. Mera (2002) afirma que, independentemente da reação inicial da criança, a sequência didático-pedagógica tem de ser a mesma, devendo-se prestar atenção a alguns aspectos:

- *começando pela entrada calma e deslocamento (andar e correr) na água;*
- *depois, sentindo a força que a água exerce em nosso corpo;*
- *brincando com as mãos, testar a força de agarre e propulsão da água;*
- *flutuação ventral e dorsal;*
- *recuperação dos pés ao chão;*
- *flutuação em deslocamento;*
- *sustentação ventral e dorsal;*
- *verificar o controle respiratório (rápido, lento, apneia);*
- *avaliar o nível dos estilos de natação.* (Mera, 2002, p. 4)

Figura 4.4 Natação para bebês

Kzenon/Shutterstock

Aulas que utilizam o lúdico são extremamente importantes para o desenvolvimento infantil, pois propiciam estímulos visuais, sonoros e táteis. O professor deve realizar estímulos por meio das cores do meio ambiente, de músicas e de materiais com som, dando suporte para as mães.

Durante todo esse processo, os reflexos dos bebês são estimulados. Primeiramente, trata-se de respostas automáticas de seu organismo. Com a prática, vão sendo substituídas por movimentos voluntários e condicionados (Velasco, 1997).

Importante!

O professor sempre deve treinar exercícios de segurança, precavendo-se contra situações pelas quais os bebês poderão passar (Lima, 2006).

Os jogos e as brincadeiras criam, para as crianças, um mundo permeado "pela ludicidade e a busca constante do envolvimento de todas as crianças. Ressaltando que o trabalho com jogos e brincadeiras é, sem dúvida, um grande avanço para superação de uma prática desestimulante e estática" (Sosa, 2017, p. 32).

O professor pode e deve estimular a imaginação das crianças. "O professor que vê nas atividades lúdicas um recurso valioso para a aprendizagem de seu aluno, com certeza terá seus objetivos alcançados com maior êxito" (Sosa, 2017, p. 32). É importante manter a ludicidade e variedade das atividades até os 7 anos de idade. Após, o professor pode começar a aplicar exercícios mais técnicos, visando ao aprendizado do nado.

Como qualquer pessoa que começa a aprender natação precisa, primeiramente, perder a rigidez muscular típica do estranhamento com a água, a natação para bebês é uma excelente forma de superar essa etapa, pois o futuro nadador crescerá ambientado à água.

Preste atenção!

Para uma criança, o ato de nadar é muito mais perceptível do que para qualquer outra faixa etária, pois ela está em constante movimentação e descobre diferentes formas de deslocamento.

A natação infantil deve ser desenvolvida por fases, de acordo com a idade:

- **1ª fase**: bebês. São desenvolvidas brincadeiras, jogos e estímulos primários.
- **2ª fase**: crianças entre 3 e 4 anos. São trabalhadas a adaptação e a propulsão. Os alunos já conseguem se deslocar sozinhos pela piscina.
- **3ª fase**: crianças entre 5 e 6 anos. As crianças estão adaptadas à água e têm condições de iniciar o aprendizado de estilos, movimento de braço elementar e processo respiratório.
- **4ª fase**: crianças entre 7 e 12 anos. Os alunos aprendem os nados peito e borboleta, além de aperfeiçoar os outros estilos. As aulas devem enfatizar a técnica da natação.

Figura 4.5 Natação para crianças – flutuação

Maksim Gusarov/Shutterstock

Figura 4.6 Natação para crianças – propulsão de pernas

Backgroundy/Shutterstock

Perceba que o desenvolvimento das atividades acompanha o amadurecimento físico e mental da criança. A metodologia auxilia o professor a fazer essa transição. Devemos ressaltar que as crianças são rápidas para absorver os ensinamentos, porém o aperfeiçoamento é fruto do tempo de treinamento. Não podemos deixar de lembrar que o desenvolvimento psicomotor tem seu tempo específico. Outro ponto a considerar é a promoção de competições. Nessa idade, ela deve ser feita de forma a priorizar o lazer e a sociabilidade entre os alunos. Caso o professor detecte potencial esportivo em alguns de seus alunos, pode orientá-los a buscar equipes de iniciação esportiva.

Indicações culturais

Nesta aula para bebês, perceba como é a interação entre a criança e sua mãe durante a prática:

ACADEMIA IMPULSO. **Aula de natação para bebês**. 24 maio 2009. Disponível em: <https://www.youtube.com/watch?v=0JE4UF7zc8s>. Acesso em: 25 maio 2019.

Observe, no vídeo indicado a seguir, como a ludicidade, a música e a massagem proporcionam aos bebês e aos pais um momento de aproximação e afetividade.

AQUABABY. **Aulas de natação para bebês.** Disponível em: <https://www.youtube.com/watch?v=dW2hgK366ss>. Acesso em: 25 maio 2019.

No vídeo a seguir, vemos crianças maiores dando as primeiras braçadas. Observe como são os movimentos e tente imaginar quais instruções você daria a essas crianças.

ALEGRIA KIDS. **Natação para crianças.** 4 out. 2015. Disponível em: <https://www.youtube.com/watch?v=GsUy2qoO13s>. Acesso em: 25 maio 2019.

4.3 Possibilidades de trabalho com adolescentes e adultos no meio aquático

A **adolescência** é uma fase de mudanças físicas, hormonais e comportamentais, marcada, muitas vezes, por conflitos internos. É uma idade em que o indivíduo fica pendulando entre a infância e a idade adulta. Essa busca do adolescente por sua identidade costuma ser causa de aflição. Quando chega à aula de natação, tende a levar essas tensões para a piscina. O professor, portanto, tem de saber atuar com esse perfil de aluno, ajudando-o a se compreender. Nesse sentido, acaba um pouco assumindo psicopedagogo.

Como vimos anteriormente, a prática esportiva não impacta somente o corpo, mas também, e sobretudo, a mente. Na adolescência, ambos estão passando por profundas transformações. O professor deve, então, trabalhar os dois aspectos. Para isso, é necessário compreender o que está ocorrendo com o aluno. Com relação ao aspecto físico, ocorrem várias alterações entre os 12 e os 18 anos, como:

- aumento do sono e do apetite;
- mudança no timbre de voz;
- surgimento dos pelos pubianos;
- aumento dos tecidos adiposo, ósseo e muscular;
- alterações de estatura e crescimento.

As mudanças psicoemocionais ocorrem paralelamente às mudanças físicas, e são percebidas em atitudes como:

- contestar regras;
- andar em grupos de afinidade;
- adquirir novos interesses e mudá-los constantemente, nas chamadas *fases*;
- questionar o modo de vida dos adultos, por vezes, tratando-os com ironia ou desprezo;
- especular sobre seu corpo e sua sexualidade.

Para os adolescentes, seus problemas são únicos, prioritários e incompreensíveis pelos pais e demais adultos. Tendem a ser dramáticos, sensíveis e ter rompantes emocionais. Variam de humor constantemente, passando rapidamente da sisudez à alegria, e vive-versa.

Figura 4.7 Natação para adolescentes

Pesquisa realizada por Silva, Santos e Borragine (2013) apontou que "os motivos que levam adolescentes à prática da natação são questões relacionadas à saúde, melhorar a qualidade de vida, gosto pelo esporte, melhorar a própria aptidão física e aprender a nadar". Por estarem em um período de cobranças, como desempenho escolar e escolha de profissão, a atividade física torna-se grande aliada para o controle emocional dos adolescentes. A atividade deve ser ministrada com o mínimo de cobranças possível, priorizando-se o lazer, a recreação e a sociabilidade. Os adolescentes devem compreender por que estão realizando determinada atividade e ser motivados a melhorar suas habilidades – sem pressão, mas com responsabilidade.

Considerando-se a nova divisão da adolescência (Silver, 2018), a **fase adulta** começa aos 25 anos de idade, em média. As mudanças ocorridas na adolescência começam a se estabilizar, enquanto as obrigações da vida passam a pesar. O adulto passa a assumir papéis de responsabilidade na sociedade. Após a formação universitária e a inserção no mercado de trabalho, os jovens passam a buscar estabilidade financeira e pensar no futuro, definindo se casam, constituem família, entre outros objetivos (Abramovay; Andrade; Esteves, 2007).

É uma fase que tende a gerar acomodação. A percepção do envelhecimento passa a ser fonte de preocupação. É nesse momento que a atividade esportiva surge como importante aliado para a qualidade de vida, impulsionando a saúde física e mental.

Os adultos que buscam aulas de natação podem ser divididos conforme o objetivo. Parte deles deseja o aprendizado da técnica, a melhoria do condicionamento cardiorrespiratório, a manutenção de um corpo saudável, a participação em competições, entre outros objetivos esportivos. Outros veem na prática um espaço de lazer e relaxamento. A piscina é compreendida como uma área de escape dos problemas da vida. Esses alunos não estão preocupados em desenvolver uma técnica aprimorada, mas em fazer parte de um grupo e investir um tempo em si mesmos.

Figura 4.8 Natação para adultos – aprendizagem

Figura 4.9 Natação para adultos

A organização das aulas de natação para adultos geralmente obedece a esta sequência:

- adaptação ao meio líquido;
- aprendizado dos nados elementares, como *crawl* e costas;
- início dos nados peito e borboleta.

Ao longo do programa, o professor deve explorar atividades lúdicas, principalmente no formato de brincadeiras, competições e jogos cooperativos, e também noções de sobrevivência.

No corpo adulto, a natação proporciona fortalecimento da musculatura, melhora cardiorrespiratória e pulmonar, auxílio em correções posturais, redução de peso, diminuição da gordura corporal e aumento da massa magra. Também se obtêm benefícios psíquicos, como sensação de bem-estar, sociabilidade e relaxamento.

Indicações culturais

As reportagens a seguir destacam aspectos da natação abordados ao longo do capítulo.

No vídeo a seguir, alunos, professores e médicos relatam os benefícios da natação para a saúde.

UNIMED FORTALEZA. **Benefícios da natação para adultos e crianças** – saúde e bem-estar. 29 dez. 2012. Disponível em: <https://www.youtube.com/watch?v=JsU22F_-yIM>. Acesso em: 25 maio 2019.

Veja algumas características de um treino de alto rendimento para adolescentes no vídeo a seguir.

TVSPORTTIME. **Natação de alto rendimento para adolescentes**. 6 abr. 2014. Disponível em: <https://www.youtube.com/watch?v=E2hJiN11pgU>. Acesso em: 25 maio 2019.

4.4 Possibilidades de trabalho com idosos

A Política Nacional do Idoso, implantada pela Lei n. 8.842, de 4 de janeiro de 1994, considera idoso a pessoa com mais de 60 anos de idade (Brasil, 2010). Já a Organização Mundial da Saúde (OMS) define "como idoso um limite de 65 anos ou mais de idade para os indivíduos de países desenvolvidos e 60 anos ou mais de idade para indivíduos de países subdesenvolvidos" (Mendes et al., 2005, p. 423).

Importante!

Os profissionais de educação física têm uma missão especial para com as pessoas idosas: reativar o corpo e fazer com que redescubram sua autoestima (Velasco, 1997).

O conceito de velhice variou com o tempo. A idade cronológica "não é um marcador preciso para as mudanças que acompanham o envelhecimento. Existem diferenças significativas relacionadas ao estado de saúde, participação e níveis de independência entre pessoas que possuem a mesma idade" (WHO, 2005, p. 6).

O corpo e a mente do idoso passam por mudanças físicas e psíquicas, tornando mais frequentes os problemas de saúde. É um processo que todos vivenciamos. Trata-se, porém, de uma fase contraditória. No momento em que chega ao ápice da experiência de vida, o idoso pode começar a se sentir inútil para a sociedade. Nesse contexto, as ações voltadas para o idoso devem promover o resgate e a manutenção da autoestima. Um dos maiores problemas enfrentados pelos idosos é a dificuldade em se relacionar com as outras pessoas. Portanto, a prática de atividades em grupo é importante para uma melhor inserção social.

Não existe idade específica para praticar a natação. A água é um ambiente que respeita as limitações de qualquer indivíduo. White (1998) aponta que exercícios realizados dentro da água reduzem as forças aplicadas nas articulações dos idosos. A atividade física na terceira idade também traz os seguintes benefícios:

- combate à obesidade;
- prevenção ao surgimento de algumas doenças, como a diabetes;

- redução de perda de massa óssea;
- diminuição de risco de quedas e de fraturas;
- melhora da capacidade cardiorrespiratória;
- diminuição do risco de doenças cardíacas;
- redução de patologias, como tendinite, artrose, artrite e problemas de coluna;
- melhora da flexibilidade e velocidade de caminhada;
- diminuição da incontinência urinária;

Figura 4.10 Natação para idosos

Figura 4.11 Natação para idosos – atividade competitiva de lazer

Ao falarmos em condicionamento físico do idoso, devemos ter em mente que mesmo atividades rotineiras podem se tornar grandes desafios a serem superados por ele. Portanto, os professores de educação física podem se sentir realizados ao perceberem que, graças ao seu trabalho, seus alunos de mais idade recuperaram a capacidade de realizar atividades diárias, como calçar um sapato ou varrer a casa (Soares; Santos, 2010; Oliveira; Garcia, 2011).

No aspecto social e psicológico, a atividade melhora a interação entre idosos e os insere na sociedade, melhorando o humor, diminuindo a ansiedade, prevenindo a depressão e estimulando a memória.

Antes de iniciar as aulas, o idoso deve passar pelo médico, para receber autorização para o início da atividade. O professor que trabalha com essa faixa etária deve estar atento à disposição dos alunos na piscina, intercalando atividades técnicas e lúdicas.

Indicações culturais

Na reportagem a seguir, idosos comentam o prazer de praticar a natação.

TV UNIVERSITÁRIA DE UBERLÂNDIA. **Natação idosos**. 14 abr. 2011.
Disponível em: <https://www.youtube.com/watch?v=kuWK6SdOsYc>. Acesso em: 25 maio 2019.

No vídeo a seguir, vemos o impacto das práticas aquáticas para o dia a dia dos idosos.

CIDADE NA TV. **Benefícios da natação na terceira idade**. 6 jan. 2015.
Disponível em: <https://www.youtube.com/watch?v=0cAvb2funUs>. Acesso em: 25 maio 2019.

4.5 Natação máster em academias

A natação máster é uma categoria competitiva destinada a praticantes que acumularam certa experiência na piscina. As aulas dessa modalidade são ofertadas para praticantes avançados, que buscam aprimorar-se ou, simplesmente, manter-se em atividade.

A palavra *máster* significa mestre, isto é, aquele que domina alguma arte ou conhecimento. Para participar de competições máster, os atletas devem ter, no mínimo, 25 anos de idade. Como qualquer outra categoria de competição, o máster está sujeito às regras oficiais da natação. Porém, há algumas adaptações para, por exemplo, disputa entre atletas de mais idade. É classificada em subcategorias de grupos etários. A cada cinco anos, o atleta avança uma subcategoria, conforme regulamentação da Federação Internacional de Natação (Fina). Outra especificidade são os revezamentos. As equipes devem ser formadas por integrantes cuja soma das idades não seja inferior a determinado número, por exemplo, 120 anos (ABMN, 2019).

O movimento da natação máster no Brasil iniciou-se na década de 1980, quando foi criada a Associação Brasileira Máster de Natação (ABMN). Atualmente, são realizados campeonatos estaduais e regionais, tais como Sul-Brasileiro, Norte-Nordeste, Centro-Oeste, e também um campeonato brasileiro. Há, ainda, campeonatos internacionais.

Em pesquisa desenvolvida por Zambelli e Stigger (2015, p. 4), o perfil dos participantes de competições máster é descrito em duas dimensões.

> A primeira dimensão é a "competitiva" e, a segunda, a natação máster vinculada à ideia mais "light". A primeira está relacionada à lógica da competição, do rendimento e da seriedade. A segunda configura um espaço esportivo com uma lógica diferente: interesses de pertencer a um determinado grupo, viver um espírito de equipe e praticar um esporte em seus momentos livres que, por vezes, torna-se compromissado e sério e, em outros momentos, o desinteresse é o foco.

Os treinos das equipes máster não apresentam as exigências do desempenho profissional. Os praticantes nadam a distância que consideram adequada, no tempo que consideram satisfatório. A rotina de treinos se adapta aos demais compromissos, e não o contrário – como é comum entre atletas de alto desempenho.

Muitos ex-atletas, que participaram do circuito de competições quando crianças, adolescentes ou jovens adultos, retornam às disputas nessa categoria. Os objetivos são recuperar o condicionamento físico, ser membro de uma equipe e participar de competições. Para aqueles que jamais chegaram a ser atletas federados, a categoria é uma oportunidade para sentir as emoções da disputa. Ao fim, os objetivos são os mesmos: praticar o esporte, viajar e divertir-se.

A confraternização é o traço mais evidente da categoria máster. Entrar para uma equipe é como fazer parte de uma família. As diferenças são acolhidas e valorizadas. Além dos treinos, os grupos costumam organizar eventos sociais. Podemos dizer que é uma forma ampliada de compreender o que é um time.

Curiosidade

Aos 92 anos de idade, Maria Lenk era nadadora na categoria máster, considerada uma das melhores do mundo em sua faixa etária (Souto, 2007).

Às vezes, a competição fica em segundo plano. Cada nadador estabelece seus objetivos, sem pressões. Por isso, o professor personaliza os treinos de acordo com a intenção de cada participante. Devide e Votre (2000) realizaram uma pesquisa com nadadores máster em um campeonato brasileiro, buscando saber como os participantes sentiam os efeitos do envelhecimento. Os autores apontam que, com o avanço da idade, os atletas começam a perceber a queda do rendimento físico, contribuindo para que reconheçam os seus limites individuais, não excedendo-os. Entretanto, apesar dos másters acompanharem a cada evento os sinais de decadência física sucessiva, isso lhes soa natural, pois a manutenção da saúde, da autonomia, a criação e a manutenção de um círculo social, e o desempenho nas piscinas sejam mais relevantes para o grupo. (Devide; Votre; 2000, p. 63)

Ao adotarem uma rotina de treinos regulares, os praticantes de mais idade garantem um envelhecimento mais saudável, também porque encontram na natação uma forma de lazer e descontração (Devide; Votre, 2000; Soares, 1995; Alves Junior, 2004).

Indicações culturais

Confira uma competição de natação máster, na categoria 50 metros livres.

ALENCAR, V. **Competição de natação máster**: 50 m nado livre. 5 dez. 2011. Disponível em: <https://www.youtube.com/watch?v=Z-Vtcdo48_k>. Acesso em: 25 maio 2019.

Na reportagem a seguir, atletas máster apontam os motivos para praticarem a modalidade.

TV GAZETA – VITÓRIA. **Incentivo à natação máster**. Disponível em: <https://www.youtube.com/watch?v=L_D7KUAht50>. Acesso em: 25 maio 2019.

Síntese

Neste capítulo, listamos e analisamos os grupos etários que formam as turmas de natação: bebês, crianças, adolescentes, adultos e idosos. Apontamos as características e os objetivos de cada idade, bem como estratégias didáticas a serem utilizadas para cada grupo.

Destacamos que é necessário conhecer em detalhes o perfil do público, de forma a organizar aulas que motivem, divirtam e, sobretudo, transmitam o conhecimento. Para isso, o profissional à beira da piscina deve buscar conhecimentos específicos e metodologias apropriadas.

Por fim, apresentamos a categoria máster, destinada a nadadores experientes, como ex-atletas e demais pessoas que frequentam as piscinas há bastante tempo. Vimos que esses praticantes formam equipes e participam de competições, porém sem a pressão por resultado observada no esporte profissional. O objetivo principal é fazer amizades e divertir-se.

Atividades de autoavaliação

1. De maneira geral, o aprendizado das crianças ocorre por meio de brincadeiras, imitações, fantasias, entre outros elementos lúdicos. Nas aulas de natação para crianças, o papel do professor é:
    a) respeitar as limitações de cada aluno e utilizar jogos, brincadeiras e outras estratégias de ensino.
    b) deixar que seu aluno adquira experiências livremente.
    c) respeitar as limitações de cada aluno e utilizar somente músicas para o processo de aprendizagem.
    d) impor as atividades, sem levar em consideração as limitações de seu aluno, utilizando jogos e brincadeiras como estratégia de aprendizado.
    e) respeitar a criança, deixando-a fazer o que quer, e depois mostrar os movimentos corretos.

2. O professor deve levar em consideração que o aluno, ao chegar às aulas de natação, traz consigo medos, interesses, prazeres, dúvidas e anseios. Na água, o corpo do aluno vai refletir esses sentimentos. Sobre esse contexto, avalie as afirmações a seguir.

I. Os professores de natação devem focar abordagens metodológicas seguras, com sustentação epistemológica, conhecimento específico e metodologias apropriadas, respeitando a individualidade de cada aluno e o processo de ensino da turma.
II. O professor deve estar ciente de que nadar em uma piscina estruturada para aulas de natação é diferente de nadar em piscinas de clubes ou naturais, como rios, lagos e o mar.
III. O professor deve conhecer seus alunos, identificando sua classe social, cultura, valores e objetivos. Essas características diferem em cada aluno e turma.
IV. O professor tem um planejamento de aulas para cada turma e não pode modificá-lo, visto que foi organizado de forma que a maioria da turma conseguirá aprender.

É correto apenas o que se afirma em:

a) I e II.
b) II e III.
c) I, II e III.
d) II, III e IV.
e) I, II, III e IV.

3. Não há limite de idade para aprender a nadar. Especificamente para os idosos, a natação possibilita:
    I. redução da força aplicada nas articulações, o que beneficia sua prática.
    II. melhora na autoestima, fazendo com que a pessoa se sinta bem ao realizar outras atividades de seu dia a dia.
    III. a redução de quedas e fraturas, bem como de perda de massa óssea.
    IV. melhora na capacidade respiratória e no sistema nervoso central, fazendo com que a pessoa pense mais rápido.
    V. melhora na marcha e na flexibilidade.

É correto apenas o que se afirma em:
a) I e II.
b) I, II e III.
c) I, III e IV.
d) I, II, III e V.
e) I, II, III e IV.

4. A natação auxilia no desenvolvimento físico e mental dos bebês. A respeito dessa faixa etária, considere as afirmações a seguir.
   I. Nem todos os bebês têm atração natural pela água. Muitas vezes, adultos próximos verbalizam o medo do meio líquido. Se os pais têm medo, os bebês herdam esse sentimento, independentemente das experiências com a água.
   II. As aulas de natação para bebês costumam contar com a presença das mães ou responsáveis. Os adultos devem aplicar os exercícios conforme as orientações do professor. Um dos objetivos da prática é aumentar e diversificar o convívio das mães com as crianças.

   Acerca dessas afirmações, assinale a opção correta:
   a) As duas afirmações são verdadeiras e a segunda justifica a primeira.
   b) As duas afirmações são verdadeiras e a segunda não justifica a primeira.
   c) A primeira afirmação é verdadeira e a segunda, falsa.
   d) A primeira afirmação é falsa e a segunda, verdadeira.
   e) As duas afirmações são falsas.

5. Quando o aluno chega aos 4 anos de idade, o professor deve:
   I. planejar suas aulas com exercícios e atividades lúdicas que estimulem o aprendizado da criança.
   II. possibilitar que a criança se familiarize com a água durante o aprendizado. Aulas lúdicas facilitam a eliminação da

rigidez muscular. A criança vai se soltando progressivamente, conforme se adapta ao meio aquático.

III. organizar suas aulas para desenvolver habilidades psicomotoras e que auxiliem, também, no sistema respiratório e cardiovascular da criança.

IV. manter suas aulas sempre iguais, pois o importante é a inserção da mecânica correta do nado, a começar pela respiração.

V. manter a variedade de experimentos e atividades corporais até os 7 anos de idade. Após essa fase, o professor pode inserir lições mais técnicas, específicas para o aprendizado dos nados.

É correto apenas o que se afirma em:

a) I, II e III.
b) I, III e IV.
c) I, II, III e V.
d) I, II, III, IV e V.
e) Nenhuma das alternativas.

Atividades de aprendizagem

Questões para reflexão

1. O profissional de natação deve ter fundamentação teórica e conhecimento técnico. Não basta ser um entusiasta da modalidade ou simplesmente saber nadar. O profissional do ensino deve saber aplicar a teoria à prática, além de ter habilidades didáticas para transmitir o conhecimento aos alunos. Como você, caso queira ser professor, imagina sua prática profissional? Reflita sobre as questões abordadas no capítulo, apresente suas reflexões aos colegas de turma e, por fim, organizem um debate sobre o tema.

2. Selecione dois artigos sobre natação para bebês. Identifique os benefícios apontados em cada texto, troque informações com seus colegas e discutam os resultados encontrados.

Atividade aplicada: prática

Visite uma aula para um grupo de alunos máster. Converse com ao menos três integrantes, procurando variar a idade dos entrevistados. Você pode, por exemplo, selecionar um aluno entre 30 e 45 anos, o segundo entre 46 e 59 anos e o último com mais de 60 anos. Colha as seguintes informações:

- tempo de prática;
- benefícios que identificou com a prática;
- sensação ao participar de competições;
- sentimento de ser parte de uma equipe.

Faça um texto em que você compare as falas dos nadadores às informações contidas neste capítulo. Aponte possibilidades de trabalho para grupos de idosos.

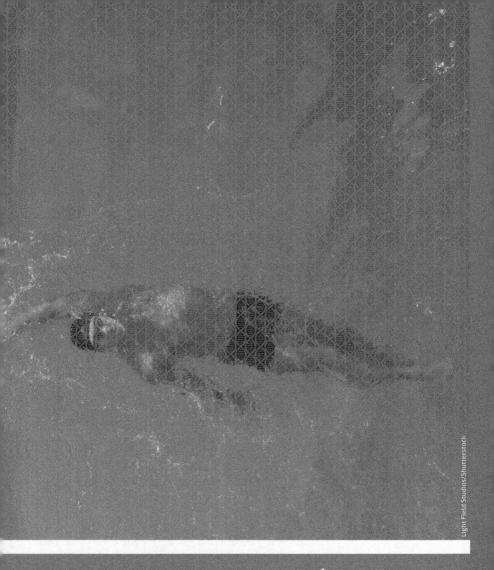

Capítulo 5

Aprendendo a ensinar: processo pedagógico dos nados *crawl* e costas

Neste capítulo, começaremos a tratar dos estilos de nado, conforme a ordem em que costumam ser ensinados aos alunos de natação. Essa ordem leva em consideração o grau de dificuldade dos movimentos e a idade do iniciante. Iniciaremos, portanto, pelos dois estilos considerados menos complexos: os nados *crawl* e costas. Abordaremos a adaptação ao meio líquido, a respiração e o movimento de pernas e braços, além das saídas e viradas.

5.1 Adaptação ao meio líquido e respiração no nado *crawl*

Por ter uma técnica mais simples, o primeiro nado a ser ensinado deve ser o crawl. Trata-se de um estilo que guarda similaridades com o movimento de caminhada e corrida. Ao nos movimentarmos em terra, as pernas desempenham função locomotora e os braços, função equilibradora. No nado *crawl*, essas funções são invertidas: os braços passam a ter função locomotora, e as pernas, função equilibradora.

A sequência pedagógica do nado crawl é a seguinte:

- adaptação ao meio líquido;
- respiração frontal;
- flutuação;
- propulsão de pernas e de braços;
- coordenação;
- respiração lateral;
- deslocamento.

Contudo, o esquema não deve imobilizar a ação didática do professor, pois cada pessoa tem características motoras, tempo e formas de aprendizado distintos. O nado *crawl* varia de acordo com o perfil de cada aluno. Podemos afirmar que a propulsão de pernas e o ciclo de braçadas são parte do processo evolutivo de cada aluno e/ou nadador. Antes disso, porém, o aluno precisa estar adaptado ao meio líquido. O equilíbrio é um fator de aprendizagem muito importante. O aluno vai, gradualmente, conhecendo a água e percebendo como seu corpo reage dentro dela.

É importante que o professor tenha muita paciência, pois experiências negativas, nesse início, dificultam todo o decorrer do processo. O aluno precisa desenvolver confiança em si, no professor e no meio aquático. Segundo Velasco (1997), a adaptação ao meio líquido requer integração polissensorial complexa de uma série de comportamentos motores a serem adaptados a esse meio. Isso é obtido somente em um ambiente de integração social, segurança, conforto e descontração.

Na adaptação, o professor auxilia o aluno a se conhecer na água, fazendo-o perceber sua temperatura, resistência, profundidade e, principalmente, como a água atua em seu corpo. A confiança começa a surgir como resultado desse conhecimento.

Estes exercícios auxiliam na adaptação do aluno:

- *com o auxílio do professor, o aluno sentará na borda da piscina com as pernas dentro d'água sem movimentá-las e, depois, sem auxílio do professor, irá flexionar e estender as pernas;*
- *em decúbito ventral, de frente para a piscina, o aluno colocará as mãos dentro d'água e fará movimentos circulares e, em seguida, jogando água no rosto;*
- *com auxílio do professor, o aluno descerá a escada, entrando na piscina, deslocar-se-á, segurando a mão do professor, dando volta na mesma, a fim de conhecer o meio em que irá trabalhar.* (Prado, 2002, p. 2)

Figura 5.1 Adaptação ao meio líquido

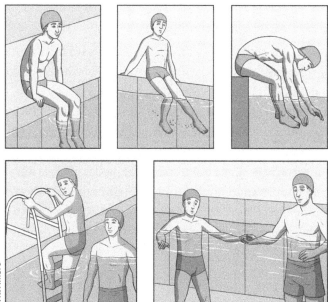

A postura na água é uma característica individual. A lição mais importante a ser transmitida aos alunos é manter o pescoço relaxado e os ombros soltos, para que o corpo fique em posição hidrodinâmica, bem alongado, em equilíbrio. Se o pescoço estiver flexionado excessivamente para trás, tanto o quadril quanto os joelhos afundarão.

A **flutuabilidade** utilizada para o *crawl* é ventral – a mesma dos nados peito e borboleta. A densidade do corpo humano influencia na flutuação, variando conforme a composição corporal, a faixa etária, o sexo e o relaxamento muscular. O biotipo que mais favorece a flutuação é formado por maior massa de gordura e músculos, porém sem muita hipertrofia (Lima, 1999).

Preste atenção!

"Densidade do corpo ≥ densidade da água: não ocorre flutuação. Densidade do corpo = densidade da água: situação indiferente. Densidade do corpo ≤ densidade da água: ocorre a flutuação" (Lima, 1999, p. 64).

Crianças costumam ter mais facilidade para flutuar. Além de terem menos massa muscular, costumam relaxar os músculos com mais facilidade, pois têm menos vivências negativas e, por isso, menos medo. Entre os adultos, as mulheres flutuam mais facilmente, pois, além de terem os quadris mais largos, concentram gordura nos seios e outras partes do corpo.

A **respiração** ajuda o aluno a gastar menos energia durante o nado, propiciando também um bom alinhamento do corpo. Dominar as técnicas de braços e pernas é insuficiente sem o controle da respiração, que varia conforme o estilo.

Preste Atenção!

"Ar nos pulmões + músculos relaxados = flutuação" (Lima, 1999, p. 66).

Segundo Shaw e D'Angour (2001), o receio ou a ansiedade podem dificultar o desenvolvimento da respiração e dos movimentos da natação. Em terra, a respiração é um processo quase inconsciente. Na água, porém, torna-se uma atividade complexa. Várias pessoas costumam sugerir alguns macetes, no entanto respirar entre as braçadas ou, simplesmente, colar a orelha no ombro não são estratégias eficientes para coordenar a respiração durante o nado.

Esta sempre será uma das principais dúvidas dos alunos: "Como respirar quando estamos na água?". Normalmente, a inspiração é feita pelo nariz e a expiração, pela boca. Depois de aprender a respiração, o aluno perceberá um aumento na velocidade do nado.

Figura 5.2 **Respiração**

Fonte: Shaw; D'Angour, 2001, p. 120-121.

O nado *crawl* apresenta vários tipos de respiração. São eles:

1. **Bilateral**: "Realizar a respiração de 3 a 5 braçadas. Muitas vezes, o bilateral é utilizado em treinamento sob a ótica de correção de nado, ou seja, de forma a manter um melhor equilíbrio do nadador ao respirar para ambos os lados" (Pussieldi, 2007).
2. **Unilateral**: "O aprendiz respira somente de um lado, sendo realizada 2 × 1. Essa técnica é bastante utilizada, porém pode gerar alguns erros de 'mau hábito', deixando o nado manco ou 'pendente' para determinado lado" (Pussieldi, 2007).
3. **Sem respirar de forma contínua**: é o modo mais fácil, porém o nadador não terá propulsão para um nado contínuo. Normalmente, quem segura muito o ciclo respiratório tem dificuldades em manter a técnica (Pussieldi, 2007).

A pressão da água contra a boca e o nariz pode assustar o aluno em um primeiro momento, fazendo-o prender a respiração. Por isso, o professor deve enfatizar que é extremamente errado segurar o ar nos pulmões.

Indicações culturais

Os dois artigos indicados a seguir complementam a análise da respiração e flutuação.

PASETTO, S. C. et al. Efeitos do foco de atenção no desempenho do nado crawl: componentes, posição do corpo e respiração. **Brazilian Journal of Motor Behavior**, v. 6, n. 1, p. 31-36, 2011.

BARBOSA, T. et al. A adaptação ao meio aquático com recurso a situações lúdicas. **EFDeportes**, Buenos Aires, ano 17, n. 170, jul. 2012. Disponível em: <http://www.efdeportes.com/efd170/a-adaptacao-ao-meio-aquatico.htm>. Acesso em: 25 maio 2019.

Nos vídeos a seguir, podemos visualizar o processo de respiração para o nado *crawl*.

SIKANA. **Crawl**: aprender a respirar. Disponível em: <https://www.sikana.tv/pt/sport/front-crawl/how-to-breathe-while-swimming>. Acesso em: 25 maio 2019.

BARDI, R. **Ritmo da respiração nado crawl**: dicas de natação. 14 maio 2012. Disponível em: <https://www.youtube.com/watch?v=pX1ZM-U18f4>. Acesso em: 25 maio 2019.

5.2 Movimento de pernas e braços no nado *crawl*

Outro elemento importante para aprender o nado é saber posicionar-se lateralmente na piscina, com o rosto acima da água. Dominando o posicionamento lateral, o aluno consegue se deslocar com mais facilidade. Para melhorar o equilíbrio na água, o aluno pode aprender a se virar em decúbito dorsal, ou mesmo de costas, para que o rosto fique fora da água. Dominar esse movimento é primordial para nadar o *crawl* (Thomas, 1999).

Essa habilidade pode ser desenvolvida com o seguinte exercício: o aluno prende um flutuador a uma das pernas (preferencialmente, à perna do lado em que respira). Inicialmente, o aluno deve fazer uma puxada com o braço e respirar lateralmente. Esse é o primeiro movimento para virar-se na água. Nesse primeiro momento, ele deve deixar os pés unidos, sem fazer movimentos de perna. Na terceira puxada de braço feita do lado da respiração, o aluno deve virar mais a cabeça para fora d'água, respirar longamente e elevar o queixo.

Figura 5.3 Três fases do movimento de virar-se na água

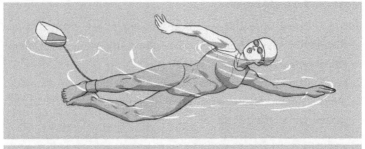

Fonte: Thomas, 1999, p. 64.

Quando o aluno souber realizar a postura lateral, o movimento de pernadas não lhe trará muitas dificuldades. É possível, então, iniciar a aprendizagem do nado *crawl*. O aprendizado da natação acontece em progressões, dos movimentos mais simples aos mais complexos, até chegar à técnica dos nados (Massaud; Corrêa, 2004).

O trabalho de pernas do nado *crawl* visa à obtenção de propulsão, equilíbrio e sustentação. No plano vertical, o afastamento entre as pernas durante o batimento deve acompanhar a largura do quadril. Esse movimento parte da articulação coxofemoral, que deve estar reta e estendida, e é executado com toda a perna. Os movimentos das pernas devem ser realizados com uma pequena flexão, tomando-se o cuidado de não dobrar os joelhos.

O trabalho de pernas deve ser realizado de forma alternada e consecutiva, para cima e para baixo. As pernas devem estar estendidas e descontraídas; os pés, voltados ligeiramente para dentro. Executa-se uma leve flexão da perna sobre as coxas antes de cada fase descendente, estendendo-se a perna completamente ao final da fase. A amplitude desse movimento não pode ultrapassar 30 centímetros, conforme a figura a seguir.

Figura 5.4 Propulsão dos membros inferiores

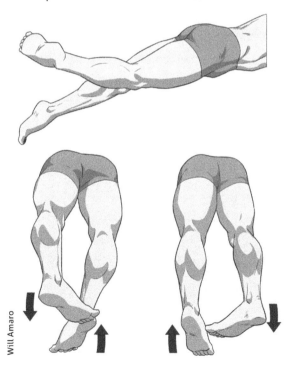

Fonte: Mansoldo, 1999, p. 28.

A técnica deve sempre ser desenvolvida dos exercícios mais fáceis para os mais difíceis. A demonstração da pernada pelo professor pode ser feita fora da piscina, para que o aluno visualize o movimento em detalhes.

Figura 5.5 Propulsão dos membros inferiores – fora da água

Fonte: Mansoldo, 1999, p. 30.

Em seguida, o aluno entra na piscina e realiza batimentos de perna, segurando na borda da piscina, conforme a ilustração a seguir.

Figura 5.6 Propulsão dos membros inferiores– segurando na borda

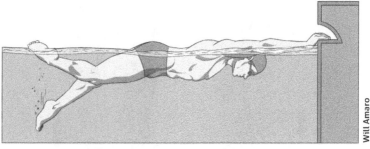

Fonte: Mansoldo, 1999, p. 30.

O próximo passo é realizar o batimento de pernas com o auxílio do professor.

Figura 5.7 Propulsão dos membros inferiores – com ajuda

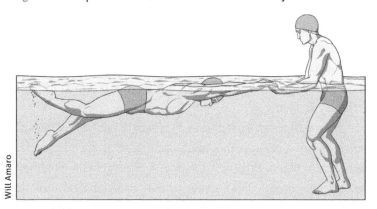

Fonte: Mansoldo, 1999, p. 31.

Depois, o aluno executa o movimento de pernas com o auxílio de uma prancha, podendo, também, explorar o batimento de perna lateral.

Figura 5.8 Propulsão dos membros inferiores

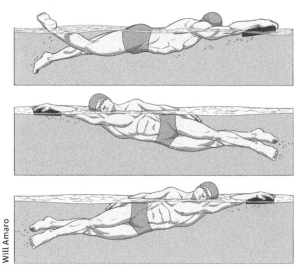

Fonte: Mansoldo, 1999, p. 31.

É importante lembrar que, em exercícios de propulsão de pernas realizados com a prancha em decúbito ventral, a cabeça do aluno deve estar dentro da água, realizando a respiração. Os olhos devem estar abertos, e a respiração executada com elevação frontal ou giro lateral da cabeça. Lima (1999) ressalta que alguns alunos apresentam dificuldade na propulsão de pernas durante o nado *crawl*. Para isso, é possível utilizar materiais de apoio, como nadadeiras, que ajudem a melhorar a flexibilidade articular do tornozelo.

Passemos agora à propulsão de braços. É necessário incentivar os alunos a realizar movimentos amplos, ainda que, inicialmente, com pouca exigência técnica. A sequência de movimentos de braço começa pela entrada da mão na água, ligeiramente inclinada para fora. A primeira parte a submergir é o dedão; em seguida, toda a mão, o punho, o antebraço e o braço, que permanece à frente do corpo e na linha do ombro, evitando-se, assim, maior resistência frontal (Lima, 1999).

Na técnica da braçada, um dos braços faz o movimento de puxada, realizando simultaneamente a respiração, enquanto o outro braço serve como apoio ou estabilização do corpo. Primeiramente, é importante colocar o aluno para realizar o giro alternado dos braços fora da piscina, em pé, conforme a figura a seguir.

Figura 5.9 Propulsão dos membros superiores – Fora da piscina

Fonte: Mansoldo, 1999, p. 33.

Na piscina, o primeiro exercício é realizar a braçada do nado completo em apneia, isto é, sem respirar. Dessa forma, é possível verificar a qualidade do movimento. Ao acrescentar o batimento das pernas, obtém-se uma primeira visualização do movimento completo do *crawl*.

Figura 5.10 Propulsão dos membros superiores – na piscina

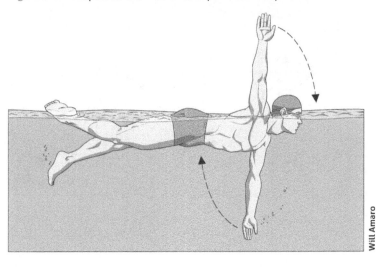

Fonte: Mansoldo, 1999, p. 34.

Preste atenção!

O aluno não deve interromper o batimento de pernas durante a respiração.

Outras possibilidades consistem em fazer o movimento da braçada na borda da piscina, caminhando com uma prancha ou com o auxílio do professor, como mostra a figura a seguir.

Figura 5.11 Propulsão dos membros superiores

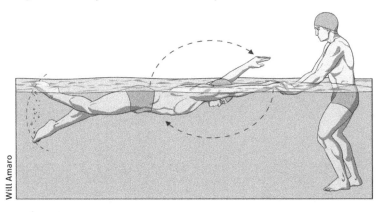

Fonte: Mansoldo, 1999, p. 35.

No momento em que os movimentos rudimentares, descritos anteriormente, estiverem dominados, o professor pode começar a introduzir a técnica da braçada, buscando aprimorar o gestual motor. O movimento é executado em quatro partes:

1. entrada da mão na água (ataque);
2. puxada;
3. empurre;
4. retirada (recuperação).

A entrada da mão na água é com o cotovelo alto e mão no prolongamento do antebraço.

Figura 5.12 Propulsão dos membros superiores – movimento técnico

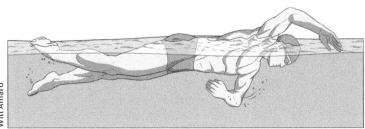

Fonte: Mansoldo, 1999, p. 35.

A puxada do braço na fase subaquática deve ser feita trazendo-se o antebraço semiflexionado em direção ao peito.

Figura 5.13 Propulsão dos membros superiores – movimento técnico

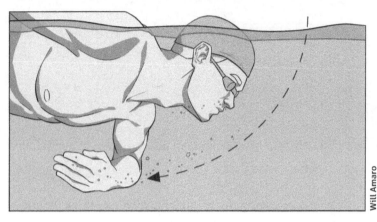

Fonte: Mansoldo, 1999, p. 36.

Importante!

A frequência da respiração varia conforme o tipo de braçada:

- unilateral: duas braçadas e uma respiração;
- bilateral: três braçadas e uma respiração;
- unilateral: quatro braçadas e uma respiração;
- bilateral: cinco braçadas e uma respiração.

Na braçada, o empurre deve ser feito de forma a empurrar a água para trás, estendendo-se os braços até a mão praticamente tocar a coxa.

Figura 5.14 Propulsão dos membros superiores – movimento técnico

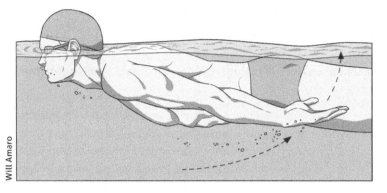

Fonte: Mansoldo, 1999, p. 36.

Concluído o movimento, deve-se retirar o braço da água e fazer o mesmo movimento com o outro braço.

Figura 5.15 Propulsão dos membros superiores – movimento técnico

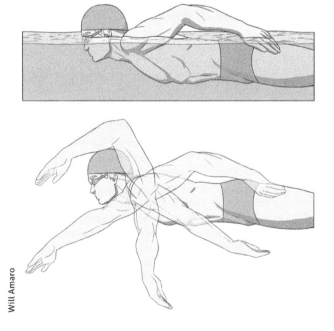

Fonte: Mansoldo, 1999, p. 37.

Lima (1999, p. 72) descreve o movimento dos braços a partir da entrada da mão na água, de forma "ligeiramente inclinada para fora, entrando, primeiramente, o dedão e, posteriormente, toda a mão, punho, antebraço e braço à frente do corpo e na linha do ombro, evitando maior resistência frontal". O autor detalha:

> a mão ao entrar na água deve fazer um movimento leve de afastamento lateral e em direção à linha mediana do corpo, mantendo o cotovelo alto; deve ter como objetivos: empurrar grande quantidade de água a curta distância em pontos diferentes; lembrar-se do Princípio de Bernoulli; e, por fim, movimentar a mão em direção à coxa. A forma como a mão varia na braçada submersa será determinante para os "movimentos laterais, verticais, alcançando uma melhor forma propulsiva". (Lima, 1999, p. 72)

Portanto, para nadar o *crawl* de forma eficiente e gastando menos energia, é necessário combinar braçadas alternadas. Enquanto um braço está na fase de recuperação, o outro está realizando a puxada. Palmer (1990) recomenda que, para cada ciclo de braçada, devem ser realizados seis batimentos de perna.

Quadro 5.1 Erros mais comuns e correções para a execução do nado *crawl*

Problemas no nado	Correções sugeridas
Recuperação	
Braços retos	▪ Arrastar a mão na água (asa de galinha)
Pelo lado	▪ Arrastar a mão na água; polegar acima das costas
Jogando água no final	▪ Tirar a mão do bolso
Entrada	
Chata, empurrando a água	▪ Dedos das mãos entram na água
Aberta	▪ Pequeno rolamento dos quadris
Cruzando na frente	▪ Entrada na linha das mãos
Arriando os cotovelos	▪ Mão entra primeiro
Pegada funda	▪ Rolamento/mão perto da superfície

(continua)

(Quadro 5.1 – conclusão)

Problemas no nado	Correções sugeridas
Puxada	
Cotovelo muito baixo	• Dedos apontam para baixo
Cruzar em demasia	• Metade do corpo para cada lado
Braço reto	• Rolar o corpo; flexionar o braço
Mão perto do peito	• Verificar cotovelo muito baixo
Braçada aberta	• Cruzar para dentro
Finalização curta	• Palma da mão pressiona até perto da coxa
Finalização longa	• Escapando água
Posição de corpo	
Cabeça alta	• Olhar para linha diagonal no chão
Cabeça baixa	• Água na testa
Ombros planos	• Bilateral; ênfase ao rolamento
Corpo em zigue-zague	• Educativo de braço; perna bilateral
Pernada	
Muita profunda	• Uso de *pull buoy* dos pés à tona
Muito pequena (rasa)	• Usar pé de pato
Perna similar à do peito	• *Sprints*
Respiração	
Muito cedo	• Esperar mão passar pela coxa
Muito tarde	• Desenhar mais a braçada

Fonte: Elaborado com base em Palmer, 1990, citado por Abreu, 1999, p. 73-74.

Indicações culturais

Os artigos a seguir apresentam mais informações sobre a técnica do nado crawl. O segundo texto se concentra em estratégias para ensinar o estilo para crianças.

OLIVEIRA, A. de; SILVA, L. A. da. **Natação estilo *crawl*:** uma sugestão de ensino para facilitar o aprendizado das aulas de natação. Disponível em: <http://periodicos.unesc.net/seminarioECPE/article/download/2142/2031>. Acesso em: 25 maio 2019.

SILVA, T. A. C. et al. **A influência do lúdico na aprendizagem do nado crawl para crianças de 5 e 6 anos**. Disponível em: https://www.fontouraeditora.com.br/periodico/upload/artigo/211_1501800439.pdff>. Acesso em: 6 dez. 2019.

Nos vídeos a seguir, você pode conferir exercícios para dominar os fundamentos do *crawl*.

SHARK, P. **Técnica do nado crawl**. 19 abr. 2017. Disponível em: <https://www.youtube.com/watch?v=Tv93rqeem9I>. Acesso em: 25 maio 2019.

BORGES, G. **Dica de natação nado crawl**. 15 out. 2013. Disponível em: <https://www.youtube.com/watch?v=yVM6xOFqW44>. Acesso em: 25 maio 2019.

Importante!

Competições de natação no estilo *crawl* surgiram nos Jogos Olímpicos de Paris, em 1900, como evolução do nado peito invertido. Inicialmente, era praticado com braçadas simultâneas, porém os nadadores perceberam que, se alternassem as braçadas, poderiam nadar mais rápido.

5.3 Movimento de pernas e braços no nado costas

Passemos agora ao nado costas. Como o próprio nome sugere, é executado em decúbito dorsal. Os braços se alternam, como no estilo *crawl*, e devem estar sincronizados com as pernadas. Inicialmente, esse estilo objetivava maior facilidade de flutuação para seus praticantes.

Podemos afirmam que o nado costas é uma inversão do *crawl*, pois suas técnicas se assemelham. Há diferenças importantes, porém. A propulsão das pernas ocorre na parte ascendente, enquanto, no *crawl*, é descendente (Mansoldo, 1999).

Para a realização do nado, o aluno deve se manter na posição horizontal, alinhado à superfície da água da forma mais natural possível. Dessa maneira, a cabeça não pode ficar fora da água nem inclinada em demasia para trás.

Figura 5.16 Nado costas – posição do corpo

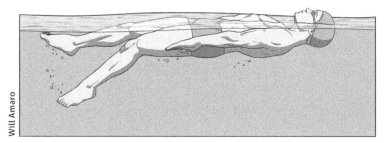

Fonte: Mansoldo, 1999, p. 52.

Nessa posição, o aluno inicia as batidas de pernas fazendo o movimento para cima e para baixo. A cabeça é apoiada na água de forma que as orelhas e a nuca fiquem imersas. O quadril deve estar elevado, de modo a manter o equilíbrio nessa postura. Os tornozelos devem estar relaxados. Os pés se alternam em duas posições: soltos quando a pressão da água forçar uma posição flexionada, no movimento para baixo, e estendidos no movimento para cima.

O movimento da batida de pernas começa pelo quadril. O joelho pode flexionar levemente abaixo da superfície da água e ser mantido flexionado durante a batida de perna. O quadril deve empurrar a perna em sua extensão. O pé, quando submerso, empurra a água para cima, com o peito do pé, até próximo da superfície. Em seguida, o joelho dever estendido de forma que o pé jogue água para cima, criando um turbilhão, fazendo a propulsão de perna. No momento em que o joelho não mais estender, o movimento da pernada deve ser reiniciado (Thomas, 1999).

A posição inicial para o trabalho de pernas no nado costas está atrelada à fase de preparação, composta por duas etapas: iniciar na posição horizontal de costas e manter os braços estendidos acima da cabeça.

Figura 5.17 Propulsão dos membros inferiores no nado costas – fase de preparação

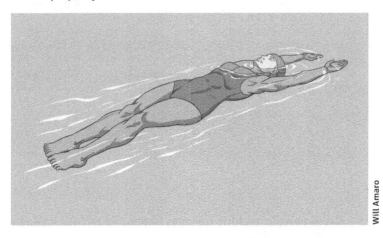

Fonte: Thomas, 1999, p. 33.

Na fase de execução da pernada, os batimentos devem ser realizados:

- de forma alternada;
- mantendo-se os tornozelos bem relaxados;
- no início, a uma profundidade de 50 centímetros aproximadamente.

Figura 5.18 Propulsão dos membros inferiores no nado costas – fase de execução 1

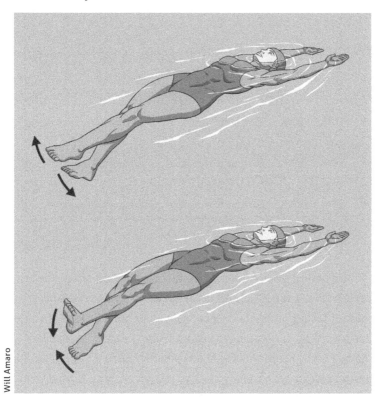

Fonte: Thomas, 1999, p. 33.

Continuando a executar a pernada, o aluno deve:

- flexionar o joelho;
- realizar movimento para cima;
- deixar o joelho abaixo da superfície da água;
- com o movimento de perna, gerar turbulência, mas sem espirrar água.

Figura 5.19 Propulsão dos membros inferiores no nado costas – fase de execução 2

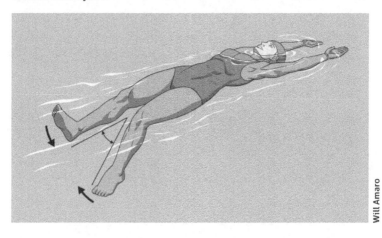

Fonte: Thomas, 1999, p. 33.

No nado costas, a braçada é realizada com alternação de braços. Com o aluno deslizando de costas, os dois braços devem estar estendidos por cima da cabeça, com as palmas das mãos voltadas para fora. O corpo deve virar levemente para um dos lados, até que um dos ombros fique um pouco imerso na água. Então, o antebraço do aluno deve girar a partir dos ombros, fazendo com que a palma da mão vire para baixo, como se estivesse tentando alcançar algo (Maglischo, 2010).

Figura 5.20 Propulsão dos membros superiores – início da braçada de costas

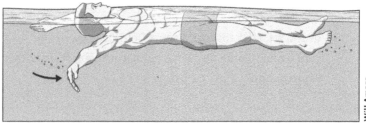

Fonte: Thomas, 1999, p. 39.

Nessa fase, o aluno deve flexionar o cotovelo, trazendo seu antebraço para trás, na direção dos pés, e estender o pulso quando o antebraço estiver na posição de puxar o corpo. O cotovelo deve estar a 90 graus, e o braço deve permanecer um pouco afastado do ombro, gerando maior propulsão. O cotovelo deve ficar flexionado enquanto o aluno fizer, com o braço inteiro, a puxada da água, cuja direção são os pés. No momento em que o braço estiver passando pelo ombro, seu cotovelo começa a se estender e o pulso, a relaxar (Maglischo, 2010).

Figura 5.21 Propulsão dos membros superiores – puxada do braço de costas

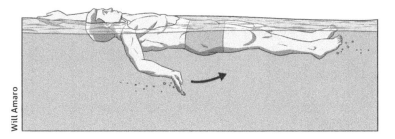

Fonte: Thomas, 1999, p. 39.

Na próxima fase, no momento em que o braço estiver quase completamente estendido, deve ser feito um giro partindo do ombro e a mão deve virar para baixo ao se aproximar da coxa. A pressão da mão para baixo ajuda a virar o corpo para o outro lado, para realizar uma elevação do ombro acima da água para a parte da recuperação da braçada.

Figura 5.22 Propulsão dos membros superiores – parte mais propulsiva da braçada de costas

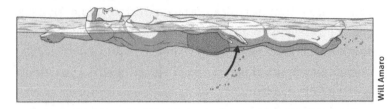

Fonte: Thomas, 1999, p. 39.

Ao iniciar a fase de recuperação da braçada, o cotovelo deve ser mantido estendido e o pulso, relaxado. O braço deve ser levantado da água com a palma da mão inclinada para baixo. Depois, deve-se elevar o braço estendido para cima, na vertical.

Figura 5.23 Propulsão dos membros superiores – fase de recuperação da braçada de costas

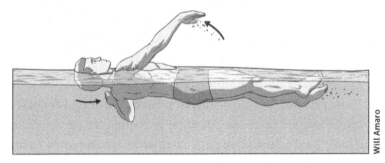

Fonte: Thomas, 1999, p. 39.

Nessa última fase de recuperação, o aluno deve girar todo o seu braço no momento em que este passar da altura do ombro, de modo que os dedos apontem para fora. Esse movimento é conhecido como *sai dedão da água, entra dedinho na água*. O aluno deve estender o braço o máximo possível para fora, enquanto rola novamente de lado e coloca a mão na água, pronto para iniciar uma nova braçada (Maglischo, 2010).

Figura 5.24 Propulsão dos membros superiores – fase de recuperação da braçada de costas

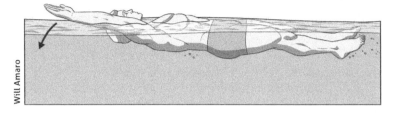

Will Amaro

Fonte: Thomas, 1999, p. 39.

Nesse momento, os dois braços deverão realizar o mesmo padrão de movimento, ou seja, enquanto um braço faz a recuperação, o outro desempenha a fase propulsiva da braçada. Os braços devem sempre permanecer em direções opostas.

A respiração no nado costas "se dá com uma inspiração na recuperação de um dos braços e com expiração na do outro braço" (Palmer, 1990, p. 79).

Quadro 5.2 Erros mais comuns e correções sugeridas para a execução do nado costas

Problemas no nado	Correções sugeridas
Recuperação	
Com ombros planos	▪ Levantar os quadris e rolar o corpo
Com dedo mínimo primeiro	▪ Puxar o braço para o polegar
Com braços abertos	▪ Olhar a palma da mão
Entrada	
Com a palma das mãos	▪ Dedo mínimo 1º (golpe de caratê)
Muito aberta	▪ Passar o braço na orelha; nadar na lateral da piscina
Pegada	
Rasa	▪ Rolamento
Funda	▪ Verificar pernadas e quadris
Mão sem apoio	▪ Movimento espiral; puxar a raia

(continua)

(Quadro 5.2 – conclusão)

Problemas no nado	Correções sugeridas
Puxada	
Braço reto	▪ Puxar a raia
Cotovelo guiando	▪ Empurrar a mão antes do cotovelo
Finalização para o lado	▪ Polegar deve estar para cima
Finalização aberta	▪ Trazer próximo à coxa
Posição de corpo	
Cabeça balançando	▪ Olhar para um ponto fixo na diagonal
Cabeça alta	▪ Orelha dentro da água
Quadris baixos	▪ Estômago na superfície (perna)
Ombros planos	▪ Ombros indo em direção ao queixo
Pernada	
Pernas duras	▪ Pouca flexibilidade; usar pé de pato.
Com muita flexão	▪ Batimento das pernas a partir dos quadris
Pernada sem espirrar água	▪ Dedos quebrando a superfície

Fonte: Elaborado com base em Palmer, 1990, citado por Abreu, 1999, p. 80-81.

Indicações culturais

Veja, no vídeo a seguir, uma demonstração de pernada no nado costas.

PAULO BONACELLA NATAÇÃO. **Pernadas alternadas na natação para adultos**. Disponível em: <https://www.youtube.com/watch?v=1Uv PF7IB2y4>. Acesso em: 30 novembro de 2019.

O nadador Gustavo Borges dá dicas de ritmos da pernada de crawl no vídeo a seguir.

BORGES, G. **Dica de natação**: ritmos de perna crawl. 10 fev. 2017. Disponível em: <https://www.youtube.com/watch?v=LAS-Z4xqvJs>. Acesso em: 25 maio 2019.

Veja outros exemplos de movimentos de perna e de braço no nado do crawl.

BARDI, R. **Perna do crawl**: dicas de natação. 14 jan. 2013. Disponível em:<https://www.youtube.com/watch?v=3LMvsHnTG70>. Acesso em: 25 maio 2019.

SIKANA BRASIL. **Crawl**: movimento dos braços – natação. 28 dez. 2016. Disponível em: <https://www.youtube.com/watch?v=B6xEer4vst4>. Acesso em: 25 maio 2019.

5.4 Aprendizado do nado *crawl* e costas elementar

Para que os alunos comecem a, de fato, nadar o estilo, é preciso passar ao processo coordenativo dos dados. Vamos identificar a respiração coordenativa e o processo elementar do nado. É um processo a ser aperfeiçoado com o tempo, de forma que aluno passe a depender, exclusivamente, da coordenação do processo de respiração/braço/perna.

Comecemos com alguns exercícios para o processo coordenativo da respiração.

1. O aluno deve realizar o batimento da perna para baixo e puxar o braço direito enquanto o esquerdo entra na água. Simultaneamente, deve virar o ombro direito para cima e expirar o ar suavemente.

Figura 5.25 **Respiração no nado *crawl***

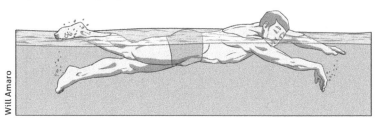

Fonte: Thomas, 1999, p. 13.

2. O aluno deve realizar o batimento da perna direita para baixo, terminar a braçada do braço direito, realizar o rolamento do ombro direito para fora da água e expirar o ar suavemente.

Figura 5.26 Respiração no nado *crawl*

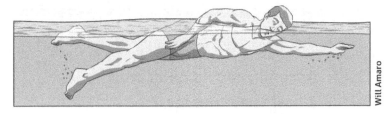

Fonte: Thomas, 1999, p. 13.

3. O aluno deve realizar o batimento da perna esquerda para baixo, ao mesmo tempo que o braço direito faz a recuperação. O cotovelo deve estar alto, acima da cabeça. Em seguida, deve girar a cabeça e os ombros para a posição de frente e realizar a expiração do ar suavemente.

Figura 5.27 Respiração no nado *crawl*

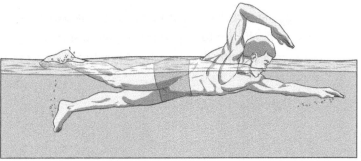

Fonte: Thomas, 1999, p. 13.

4. O aluno deve realizar a batida da perna direita para baixo realizar uma puxada com o braço esquerdo enquanto o braço direito entra na água, virar a cabeça e os ombros para a esquerda e realizar a expiração do ar com força.

Figura 5.28 Respiração no nado *crawl*

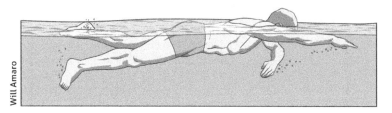

Fonte: Thomas, 1999, p. 13.

5. O aluno deve realizar a batida da perna esquerda para baixo, terminar a braçada esquerda, virar o ombro esquerdo para fora da água e realizar a inspiração para o lado esquerdo.

Figura 5.29 Respiração no nado *crawl*

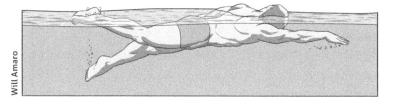

Fonte: Thomas, 1999, p. 13.

6. O aluno deve realizar a batida da perna direita para baixo, recuperar o braço esquerdo com o cotovelo alto acima da cabeça e virar a cabeça e os ombros para a posição de frente.

Figura 5.30 Respiração no nado *crawl*

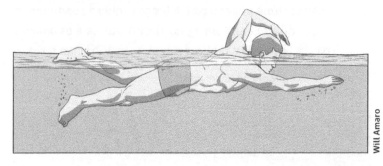

Fonte: Thomas, 1999, p.13.

O aluno inicia o nado *crawl* com esse processo coordenativo. Com a prática, aperfeiçoa a braçada, a pernada e a coordenação da respiração. No nado costas, a coordenação dos movimentos vai torná-los mais eficientes.

Depois de aprender os batimentos dos braços e das pernas, inicia-se o movimento coordenativo com o processo respiratório. O mais importante para realizar o nado costas é conseguir coordenar braços e pernas, mantendo-se a cabeça na superfície da água. Para a coordenação do nado costas, o aluno deve começar o nado em decúbito dorsal, com os dois braços estendidos acima da cabeça – a mesma posição de deslize. Seu quadril deve permanecer elevado, de forma a sustentar essa postura. A cabeça deve ficar sempre alinhada, com o corpo e as orelhas imersas na água. Iniciando com o pé esquerdo, o aluno vai contar o impulso para cima de cada perna, realizando, para cada ciclo de pernada, seis batimentos.

Agora, vamos verificar as etapas da coordenação do nado, segundo Thomas (1999, p. 47).

1. "Na primeira etapa, o aluno deve virar-se para a direita, estendendo o braço direito, e realizar a batida da perna esquerda."

Figura 5.31 Coordenação do nado costas

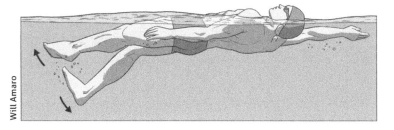

Fonte: Thomas, 1999, p. 47.

2. "Na segunda etapa coordenativa, o aluno deve puxar o braço direito, batendo a perna direita, e realizar a recuperação do braço esquerdo."

Figura 5.32 Coordenação do nado costas

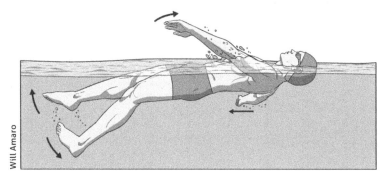

Fonte: Thomas, 1999, p. 47.

3. "Na terceira etapa, o aluno deve continuar o movimento do braço direito, batendo a perna esquerda, e com a recuperação do braço esquerdo."

Figura 5.33 Coordenação do nado costas

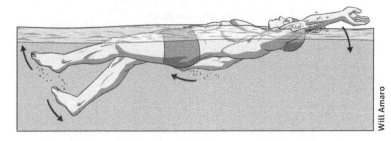

Fonte: Thomas, 1999, p. 47.

4. "Na quarta etapa, o aluno deve se virar para a esquerda; terminar o movimento do braço direito e estender o braço esquerdo, realizando o batimento com a perna direita."

Figura 5.34 Coordenação do nado costas

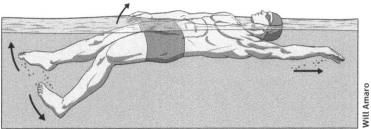

Fonte: Thomas, 1999, p.47.

5. "Na quinta etapa, o aluno deve iniciar a recuperação do braço direito, movimentando o braço esquerdo, e realizar o batimento da perna esquerda."

Figura 5.35 Coordenação do nado costas

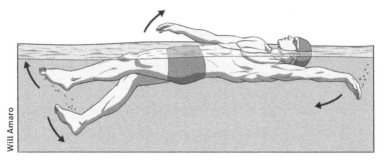

Fonte: Thomas, 1999, p. 47.

6. "Na sexta etapa, o aluno deve recuperar o braço direito na vertical, movimentando o braço esquerdo, e realizar o batimento da perna direita."

Figura 5.36 Coordenação do nado costas

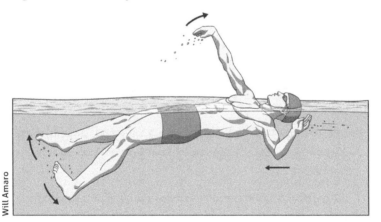

Fonte: Thomas, 1999, p. 47.

7. "Na sétima etapa, o aluno deve virar para a direita, colocar a mão direita dentro da água e estendê-la, terminando o movimento do braço esquerdo com batimento da perna esquerda."

Figura 5.37 Coordenação do nado costas

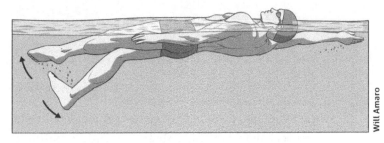

Fonte: Thomas, 1999, p. 47.

Para finalizar a coordenação do nado costas, o aluno deve realizar seis movimentos de perna para cada ciclo de braçada.

Indicações culturais

O nadador Gustavo Borges dá dicas para um nado costas mais eficiente.

BORGES, G. **Natação**: dica do nado costas. 23 jul. 2012. Disponível em: <https://www.youtube.com/watch?v=dGa1tyboVbU>. Acesso em: 25 maio 2019.

Veja crianças praticando os nados *crawl* e costas no vídeo a seguir.

ZANELI, H. **Nado crawl, nado costas**. 4 dez. 2016. Disponível em: <https://www.youtube.com/watch?v=olM2aFyAyVk>. Acesso em: 25 maio 2019.

5.5 Saídas e viradas: *crawl* e costas

A saída deve ser ensinada depois o aluno ter aprendido os estilos *crawl* e costas, além dos primeiros fundamentos do mergulho, pois é um movimento que exige adaptação completa à piscina. Silva e Teixeira (2012) sugerem a seguinte organização pedagógica:

1. **Queda sentada grupada**: realizada na borda da piscina, contribui para diminuir o medo do aluno. Ele deve estar sentado na borda da piscina, com a cabeça entre os braços, estendidos e unidos, e as mãos apontadas para a água. Ao entrar na água, o aluno deve fazer a expiração.

2. **Saída sentada**: o aluno deve estar sentado na borda da piscina. Seu tronco deve estar estendido, com os braços unidos e estendidos à frente da cabeça e as mãos apontadas para a água. Deve realizar o impulso para cima, fazendo uma leve flexão do quadril. Ao entrar na água, o aluno deve fazer a expiração.

3. **Saída de joelhos**: o aluno deve estar ajoelhado na borda da piscina com uma das pernas. A outra perna fica posicionada para manter o equilíbrio corporal. Os braços devem estar posicionados e estendidos à frente da cabeça, realizando uma inclinação à frente. As pernas devem se estender totalmente, dando o impulso da saída. Ao entrar na água, o aluno deve fazer a expiração.

4. **Queda na água agachado**: o aluno deve estar agachado, com um dos pés à frente. Ao realizar o impulso com um dos pés a partir da borda da piscina, os braços devem estar estendidos à frente da cabeça e as mãos, apontadas para o ponto de entrada da água. Ao entrar na água, o aluno deve fazer a expiração.

5. **Mergulho direcionado**: o aluno deve estar em pé, na borda da piscina, posicionando um pé à frente, com leve flexão do joelho. O corpo deve estar inclinado à frente, na direção da água, e a cabeça posicionada entre os braços estendidos. A saída deve ser suave, elevando-se as pernas estendidas. Ao entrar na água, o aluno deve fazer a expiração.
6. **Queda com flexão de tronco**: o aluno deve ficar em pé e posicionar os pés na parte de trás do bloco de partida. Os joelhos e o quadril devem estar um pouco flexionados, de forma que o corpo incline um pouco para a frente sobre a borda da piscina. Os braços devem estar estendidos à frente, na direção da água, e, no momento da saída, as pernas também. Ao entrar na água, o aluno deve realizar a expiração.

Para as provas livre, peito e borboleta, a Federação Internacional de Natação (Fina) determina que a saída, ou partida, é realizada por meio de um mergulho. Depois de o árbitro geral soar um apito longo, os atletas devem subir no bloco da partida e permanecer parados. Em seguida, quando o juiz de partida ordenar aos competidores que avancem às suas marcas, o atleta deve estar com, pelo menos, um dos pés na parte da frente do bloco. A posição das mãos não é relevante. Quando todos os nadadores estiverem imóveis, o juiz de partida dará a saída.

O impulso busca uma boa entrada na água, vencendo o atrito e proporcionando melhor deslize. O corpo deve submergir na seguinte ordem: "MÃOS – PUNHOS – ANTEBRAÇOS – BRAÇOS – CABEÇA – OMBROS – TRONCO – QUADRIL – PERNAS – PÉS" (Lima, 1999, p. 150).

Há, também, a **saída de agarre**, introduzida nos anos 1970 em substituição à saída convencional. Silva e Teixeira (2012) a dividem, tal como mostrado na figura a seguir:

Figura 5.38 Saída de agarre – quatro fases

1. Com a cabeça para baixo e os quadris acima dos pés, agarre o lado inferior do bloco, com as mãos por dentro ou por fora dos pés.	2. Ao sinal da partida, tracione contra o lado inferior do bloco, fazendo seu corpo se mover para frente.

3. Ao se afastar do bloco de partida, leve as mãos para cima, sob o queixo.	4. Ao deixar o bloco e partida, olhe para baixo e se projete para a água. Decole em um ângulo de 45 graus.

Fonte: Silva; Teixeira, 2012.

A **saída de atletismo** é uma adaptação da saída de agarre. Segundo Lima (1999), essa saída foi desenvolvida também nos anos 1970 para auxiliar nadadores que tinham limitação de impulsão em uma das pernas. Esses nadadores passaram então colocar a perna "forte" na frente, adaptando uma técnica do salto em extensão. É utilizada para as provas de 100 metros livre, peito e borboleta.

Antes de ensinar essa técnica, o professor deve verificar a profundidade da piscina. A principal diferença é a posição do nadador no bloco de partida. Enquanto na saída de agarre os dois pés ficam na borda dianteira, na saída de atletismo o nadador deve colocar um pé mais atrás (Silva; Teixeira, 2012).

A saída de atletismo é dividida tal como descrito na figura a seguir:

Figura 5.39 Saída de atletismo – quatro fases

1) Posição preparatória: posicione um dos pés na parte de trás do bloco de partida e incline-se para trás, de modo que seu peso esteja sobre o pé de trás.	2) Empurrada: ao sinal da partida, puxe intensamente o lado inferior do bloco de partida para fazer com que seu corpo comece a movimentar-se para frente.

3) Impulso do bloco: projete-se com a perna de trás primeiro e leve sua mão para cima sobre o queixo.	4) Impulso do bloco: projete-se com a perna de frente e avance na direção da água.

Fonte: Silva; Teixeira, 2012.

Segundo Abreu (1999), a **saída do nado costas** deve ser realizada de acordo com as seguintes etapas:

1. O corpo do atleta deve estar encolhido, os cotovelos e joelhos flexionados e a cabeça inclinada para baixo. As mãos devem estar segurando no suporte.
2. Ao sinal da partida, o atleta deve projetar a cabeça para trás, impulsionando seu corpo para longe da parede. Em seguida, deve olhar para a extremidade oposta da piscina enquanto seu corpo realiza um arco no ar.
3. Tal como na saída de cima do bloco, o corpo do atleta deve passar pelo mesmo "buraco" criado pelas mãos, ou seja, deve dobrar a cintura quando a parte superior do corpo entrar na água.

4. Após a entrada na água, o atleta deve projetar suas mãos para cima, a fim de que seu corpo suba para a superfície durante o deslizamento. Quando começar a perder a velocidade do mergulho, deve colocar uma ou duas batidas de pernas, seguidas de uma braçada, impulsionando o corpo para a frente, até romper à superfície.

Indicações culturais

No vídeo a seguir, veja, em câmera lenta, o movimento da saída de costas.

FREITAS, L. P. **Aprenda a fazer saída de costas**. 13 dez. 2011. Disponível em: <https://www.youtube.com/watch?v=GAf1zzYz9NY>. Acesso em: 25 maio 2019.

O vídeo a seguir compila saídas de nado costas e nado livre executadas por atletas olímpicos.

NATAÇÃO EM 1 MINUTO. **As saídas do estilo costas e nado livre!** 10 abr. 2016. Disponível em: <https://www.youtube.com/watch?v=Vp4FjX5v5hs>. Acesso em: 25 maio 2019.

Outra demonstração da saída de costas pode ser vista no vídeo a seguir, com destaque para a etapa submersa.

AQUANAII. **Saída de costas**. 29 jan. 2016. Disponível em: <https://www.youtube.com/watch?v=wTk2w_8mzCc>. Acesso em: 25 maio 2019.

No próximo vídeo são apresentadas dicas de posicionamento para iniciantes.

BARDI, R. **Saída da natação mergulho (iniciantes)**. 17 jun. 2012. Disponível em: <https://www.youtube.com/watch?v=KtYJv_L3po8>. Acesso em: 25 maio 2019.

Para não ser obrigado a interromper o nado a cada volta, o aluno deve executar as viradas. Cada estilo contempla uma forma específica de realizar o toque na borda da piscina.

A virada olímpica é utilizada principalmente em competições. Para orientar o atleta, há uma marcação em T no fundo da piscina, a dois metros da parede lateral. Algumas piscinas de academia, no entanto, não têm essa marcação. Se for o caso, o professor deve colocar algum material na borda da piscina para indicar o espaço que falta até a parede. Outra solução é solicitar ao aluno que levante levemente a cabeça, olhando para a frente, ou conte o número de braçadas necessárias para chegar à borda.

A virada olímpica no nado *crawl*, para Thomas (1999), apresenta três fases.

I) Fase de preparação

O aluno segue nadando *crawl* até sua cabeça alinhar-se à marca da virada T.

Figura 5.40 Virada – etapa de preparação

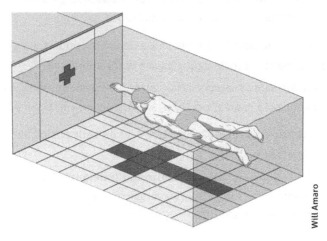

Fonte: Thomas, 1999, p. 24.

II) Fase de execução

1. O aluno deve completar a braçada e manter as duas mãos ao lado das coxas.

Figura 5.41 Virada – etapa de execução

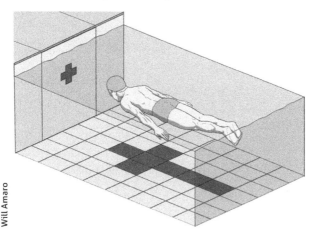

Fonte: Thomas, 1999, p. 24.

2. O aluno deve direcionar as pernas para baixo, flexionando o corpo, e deslocar a água com os dois braços.

Figura 5.42 Virada – etapa de execução

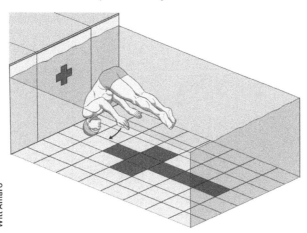

Fonte: Thomas, 1999, p. 24.

3. O aluno deve virar a cabeça, flexionar os joelhos e dar meia cambalhota.

Figura 5.43 Virada– etapa de execução

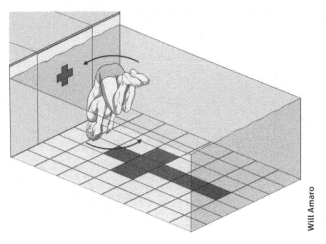

Fonte: Thomas, 1999, p. 25.

4. O aluno deve dar um impulso na parede da piscina, girar para a posição de frente e deslizar embaixo da água.

Figura 5.44 Virada – etapa de execução

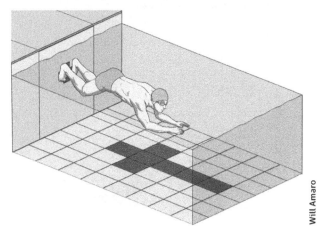

Fonte: Thomas, 1999, p. 25.

III) Fase de execução do movimento completo
1. Após o movimento anterior, o aluno deve voltar a executar o nado *crawl*.
2. A respiração deve ser retomada na segunda ou na terceira braçada.

Indicações culturais

O vídeo a seguir ajuda a memorizar a virada olímpica.

BARDI, Rodrigo. **Como fazer a virada olímpica**: dicas de natação. 9 maio 2013. Disponível em: <https://www.youtube.com/watch?v=oYN5Wf7zowc>. Acesso em: 25 maio 2019.

Na virada olímpica do nado costas, o aluno deve se orientar pelas bandeirolas que demarcam o limite de 5 metros para a parede. A cor da baliza também muda após essa marca. De acordo com Thomas (1999), a virada deve ser realizada da seguinte maneira:

1. Ao passar pela bandeirola, o aluno vai executar a virada. Para isso, deve mudar de posição corporal e ficar em decúbito dorsal.
2. Ao ficar de bruços, deve fazer a aproximação e executar a virada como se fosse a virada do nado *crawl*.
3. Em seguida, deve realizar um rolamento sobre o eixo do corpo e fazer a virada, impulsionando-se fortemente na parede. As mãos ficam voltadas para trás, unidas e estendidas.
4. Após esse movimento, deve executar golfinhadas, conforme foi treinado, e reiniciar o nado tal como foi feito na saída.
5. Quando o aluno realizar a propulsão, deve fazer um pequeno deslize. Em seguida, as pernas iniciam o movimento de golfinho, a expiração é efetuada sob a água e um dos

braços realiza uma poderosa braçada, que leva o corpo à superfície. Iniciando-se o nado completo, evita-se respirar até que o equilíbrio tenha sido dominado, na segunda ou na terceira braçada.

Figura 5.45 Virada olímpica de costas

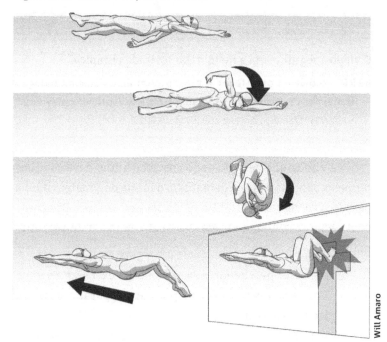

As chegadas dos nados também se diferenciam, conforme o estilo (Velasco, 1997):

- **Nado *crawl***: o aluno deve tocar na borda da piscina com qualquer parte do corpo.
- **Nado costas**: o aluno deve tocar na parede com qualquer parte do corpo, porém deve chegar na posição de costas.

⦁⦁⦁ Síntese

Neste capítulo, apresentamos o processo inicial dos nados *crawl* e costas. Identificamos a técnica utilizada para o ensino dos fundamentos de ambos os nados, destacando os gestuais motores e a respiração ideal para cada estilo.

Em seguida, abordamos as técnicas de saída e virada. Analisamos as saídas de agarre e de atletismo. Mostramos que o estilo de natação também implica mudanças na forma de propulsão para a saída. Nas viradas, os alunos devem estar atentos às marcações que apontam a proximidade da parede.

⦁ Atividades de autoavaliação

1. Assinale a alternativa que indica como se realizam as chegadas nos nados *crawl* e costas:

    a) Com um toque de qualquer parte do corpo na borda da piscina.
    b) Com um único toque simultâneo das duas mãos na borda da piscina.
    c) Com o toque de uma das mãos e dos pés na borda da piscina.
    d) Com o toque das mãos na borda da piscina, mas sem a necessidade de simultaneidade das mãos.
    e) Somente com o toque da cabeça na borda da piscina.

2. Da mesma forma que o *crawl*, o nado de costas exige controle sobre a posição do corpo, a ação dos braços e das pernas, além da coordenação de todos os movimentos. Sobre o nado de costas, podemos afirmar que:

    I. também existe a fase de propulsão na ação dos braços.
    II. o batimento de pernas é um pouco similar ao do nado *crawl*, modificando-se o momento correto da aplicação da força.
    III. o corpo deve estar na posição horizontal, em decúbito dorsal (de costas), com o pescoço relaxado.

Agora, assinale a alternativa certa:
a) Somente as alternativas I e II estão corretas.
b) Somente as alternativas II e III estão corretas.
c) As alternativas I, II e III estão corretas.
d) Somente as alternativas I e III estão corretas.
e) Nenhuma alternativa está correta.

3. Na adaptação do aluno ao meio líquido, o professor deve trabalhar o equilíbrio dentro da água. Uma reação natural dentro da água é a percepção sobre a própria orientação dentro dela, e essa orientação incide na postura.

Avalie as seguintes afirmações:

I. A natação é realizada em uma postura horizontal; então, a orientação espacial dentro da água se dá para frente e para fora.

II. A postura na água é uma característica individual. A dica mais importante que o professor deve passar aos alunos se refere à manutenção do pescoço relaxado e dos ombros soltos, para que o corpo fique em uma posição hidrodinâmica, bem alongado, ou seja, em equilíbrio.

Acerca dessas afirmações, assinale a opção correta:
a) As duas afirmações são verdadeiras, e a segunda justifica a primeira.
b) As duas afirmações são verdadeiras, e a segunda não justifica a primeira.
c) As duas afirmações são falsas.
d) A primeira afirmação é falsa, e a segunda é verdadeira.
e) A primeira afirmação é verdadeira, e a segunda é falsa.

4. Analise as afirmativas sobre os nados *crawl* e costas.

I. No processo de ensino do nado *crawl*, o professor inicia a sequência pedagógica da seguinte forma: adaptação ao meio líquido; respiração; flutuação; propulsão de pernas e braços; coordenação, respiração; nado geral.

II. Na adaptação ao meio líquido no nado *crawl*, o professor deve organizar a ambientação dos alunos, porém não precisa ficar com eles dentro da água.

III. Na entrada na água de queda sentada grupada, realizada na borda da piscina, o aluno deve estar sentado na borda da piscina, com a cabeça entre os braços, estendidos e unidos, e as mãos apontadas para a água. Ao entrar na água, o aluno deve fazer a expiração.

IV. Se o pescoço do aprendiz estiver flexionado excessivamente para trás, tanto o quadril quanto os joelhos afundarão, mas ele não perderá o equilíbrio corporal.

V. Para o nado costas, a sequência utilizada é: respiração; flutuação dorsal; propulsão de pernas e de braços; rolamento de ombros; coordenação de braços e pernas; respiração; nado específico.

De acordo com as proposições apresentadas, é correto afirmar:

a) Somente as alternativas I, III e IV estão corretas.
b) Somente as alternativas I, III e V estão corretas.
c) Somente as alternativas I e III estão incorretas.
d) Somente as alternativas I e II estão incorretas.
e) Todas as alternativas estão corretas.

5. Assinale com V as afirmativas verdadeiras e com F as falsas.

( ) Na adaptação ao meio líquido, é necessário que o professor pense na organização do equilíbrio dentro da água, pois ela constitui um meio especial e diferente a que muitos alunos estão acostumados.

( ) A respiração correta ajuda o aluno a gastar menos energia durante o nado e, também, garante um bom alinhamento do corpo na água. Por isso, respirar passa a ser um desafio para manter a orientação dentro da água.

( ) Quando o aluno souber realizar a postura lateral, o movimento de pernadas ainda trará muitas dificuldades. O aprendizado da natação acontece em progressões, e o aprendiz aprende movimentos dos mais simples aos mais complexos, até chegar à técnica dos nados.

( ) Na respiração unilateral, o aluno respira somente de um lado, sendo realizada a técnica 2 x 1. Essa técnica é bastante utilizada, porém pode gerar maus hábitos, deixando o nado manco ou pendente para determinado lado.

( ) Dentro da piscina, o aluno deve iniciar a braçada do nado completo. Desse modo, não é possível verificar a qualidade do movimento nem realizar batimento de pernas incorporando-se o movimento de braços (pernada e braçada em conjunto, de forma coordenada).

A sequência correta de respostas é:

a) F, V, F, F, F.
b) F, F, F, V, F.
c) V, V, F, F, F.
d) V, V, F, V, F.
e) V, V, V, V, V.

Atividades de aprendizagem

Questões para reflexão

1. Converse com um professor de natação sobre como ele introduz pedagogicamente o ensino do nado *crawl* com seus alunos. Após essa conversa, procure um artigo científico que remeta ao aprendizado do nado. Com essas duas fontes de informação, registre como se dá o processo pedagógico de ensino do nado *crawl* e, em seguida, reúna-se com cinco estudantes de sua turma e apresente a eles o resultado de seu trabalho.

2. Procure três pessoas que sabem nadar os estilos *crawl* e costas e peça a elas para relatarem como realizam as saídas dos nados. Após essa conversa, identifique, no texto do capítulo, onde as saídas se encaixam e comente com elas o resultado de sua comparação.

Atividade aplicada: prática

1. Fale com três professores de natação e peça a eles que indiquem três exercícios que consideram importantes para o ensino das saídas e das viradas nos nados *crawl* e costas. Compare os resultados e faça um *checklist* com os exercícios, desenvolvendo pedagogicamente a explicação. Para tirar possíveis dúvidas, retorne as informações apresentadas neste capítulo.

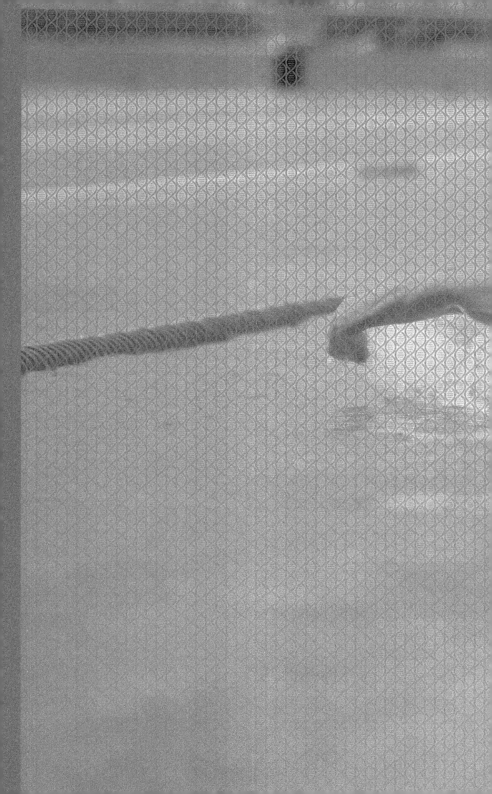

Capítulo 6

Aprendendo a ensinar: processo pedagógico dos nados peito e borboleta

Neste último capítulo, abordaremos o ensino dos nados peito e borboleta, que requerem do aluno mais habilidade e coordenação para o aprendizado. Apresentaremos a progressão pedagógica da ação de pernas, braços, respiração e coordenação desses estilos, bem como suas saídas e viradas.

O nado peito tem como característica uma respiração organizada e de forma ritmada. Quando o nadador estender a perna, o corpo deve subir, possibilitando a elevação do quadril. Dessa maneira, o nadador deve retirar imediatamente a cabeça da água para realizar a respiração do meio para o final da braçada. "No início da propulsão, quando os braços ficam estendidos, o rosto do nadador está submerso, tendo a linha da água na altura da testa. Durante os movimentos dos braços, o nadador, lentamente, começa a expirar pela boca" (Portal São Francisco, 2019b).

No nado borboleta, a recuperação da braçada ocorre por cima da água. A cabeça deve sair da água quando os braços estiverem na metade da tração. Nessa fase, o nadador deve inspirar até que a cabeça retorne para a água, realizando, então, a expiração submersa. O movimento simultâneo de braços e pernas faz com que, ao olharmos o desenvolvimento do nado, ele pareça uma borboleta, razão pela qual surgiu o nome *nado borboleta*. É o último estilo a ser ensinado e tem a fama de ser difícil de dominar.

6.1 Processo pedagógico do nado peito: aprendizagem da ação de pernas e braços

Quando a natação começou a se organizar em forma de disputa, no século XIX, o nado peito foi considerado o primeiro estilo competitivo. Também é utilizado como técnica de sobrevivência, pois permite ao nadador permanecer de frente na água, possibilitando que a ação de braços e pernas seja simétrica.

Por ter sido o estilo mais estudado, sofreu diversas alterações. O nado peito apresenta as mesmas exigências quanto ao fator hidrodinâmico e à ação propulsiva observadas nos nados *crawl* e costas. Entretanto, é preciso ater-se às questões referentes à posição do corpo na água ao ensinar sua ação propulsiva. Nesse estilo, o corpo do aluno passa de uma posição plana, em relação ao quadril, para ficar na superfície da água. O corpo permanece o tempo todo embaixo da água, apenas com a cabeça emersa. Por conta disso, torna-se o estilo mais lento, porém o mais belo de se assistir.

A posição do corpo nesse nado é extremamente importante. Ele deve ficar sempre na posição horizontal, em decúbito ventral, e permanecer no nível do ombro e do quadril. A cabeça deve se elevar e se abaixar durante o movimento da respiração.

6.1.1 Ação do movimento de pernas

O aluno deve iniciar o trabalho em deslize de frente, tendo as pernas e os pés totalmente estendidos. Nessa posição, deve ficar atento para que seu quadril não afunde muito – apenas o suficiente para realizar a flexão dos joelhos. Seus calcanhares não ultrapassem a superfície da água. Para Maglischo (2010), as pernadas do nado peito devem apresentar: a) um afastamento das pernas; b) uma puxada; c) um empurrão; d) uma ação de deslizamento; e) uma fase de recuperação.

Figura 6.1 Pernada do nado peito

Fonte: Thomas, 1999, p. 88.

A pernada é realizada com os pés posicionados como pás de hélices. É necessário executar a dorsiflexão dos tornozelos, que é o movimento para trás. A inversão dos pés está relacionada diretamente à força propulsora gerada no momento do afastamento das pernas.

Indicações culturais

O vídeo a seguir, ajuda a visualizar a pernada de peito submersa na piscina.

NATAÇÃO Zen. **Pernada do nado de peito**: visão submersa. 3 jun. 2016. Disponível em: <https://www.youtube.com/watch?v=lfAS5I6ovGU>. Acesso em: 25 maio 2019.

Os pés se movem de forma acelerada, para fora e para trás, respectivamente. Na finalização da pernada, eles devem ser estendidos em posição de flexão plantar, criando, então, um deslize

(Figura 6.2). Durante a pernada, os calcanhares não podem atravessar a superfície da água. Os pés devem se direcionar para fora antes que os joelhos se separem. Ao finalizar a pernada, voltando à posição inicial, o nadador deve manter os joelhos estendidos, evitando trazê-los sob o corpo.

Figura 6.2 Pernada completa do nado peito

6.1.2 Movimento de braços do nado peito

A braçada apresenta limitação do movimento na fase submersa, pois a tração é bem menor, se comparada à de outros estilos. O movimento da braçada se torna mais curto, para que ocorra a coordenação do movimento de braços e pernas. A braçada dá suporte à respiração e ao movimento da pernada.

Maglischo (2010) ressalta que o movimento da braçada consiste em:

1. realizar o afastamento dos braços para recolocá-los em posição, a fim de realizar um empurrão mais eficaz;
2. realizar a pegada inicial; para isso, as mãos devem se mover para fora, tendo como limite a largura do ombro;
3. fazer a puxada, deixando as mãos se moverem de forma circular para baixo e para fora, atingindo um ponto máximo de profundidade;
4. realizar o empurrão, que termina quando as mãos se aproximam do nível dos cotovelos;
5. fazer a recuperação da braçada.

Indicações culturais

O vídeo a seguir vai ajudá-lo a realizar os movimentos iniciais da braçada do nado peito na piscina.

TIBERY, F. **Natação 2015** "Braçada peito". 1 set. 2016. Disponível em: <https://www.youtube.com/watch?v=51lXkMq8SgQ>. Acesso em: 25 maio 2019.

Deve-se iniciar a braçada com os braços totalmente estendidos acima da cabeça, à frente. No momento da braçada, as mãos devem ficar viradas para fora, com o dedo polegar apontado para baixo, e o cotovelo, elevado. Com a palma da mão ainda para fora e com os dedos direcionados para o fundo da piscina, a cabeça deve estar elevada para fora da água, enquanto o nadador realiza o movimento semicircular para fora, para trás e para dentro, estando os cotovelos flexionados a 90 graus, conforme a Figura 6.3.

Figura 6.3 Início da braçada de peito – 1ª fase

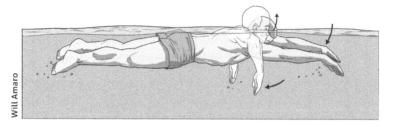

Fonte: Thomas, 1999, p. 199.

Na continuidade da braçada, o aluno deve respirar no momento em que estiver terminando o movimento, com os cotovelos apontados para fora e as palmas das mãos apontadas para cima, na posição embaixo do queixo. A Figura 6.4 ajuda a identificar o momento da respiração.

Figura 6.4 Continuação da braçada de peito – 2ª fase

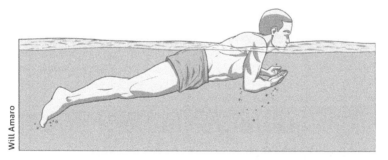

Fonte: Thomas, 1999, p. 199.

Na fase de recuperação, o rosto deve estar voltado para dentro da água. Os cotovelos ficam posicionados nas laterais do corpo, e as mãos devem ficar na altura do queixo ou do pescoço.

Figura 6.5 Continuação da braçada de peito – 3ª fase

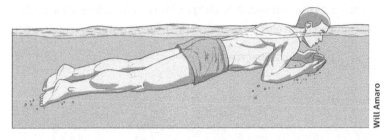

Fonte: Thomas, 1999, p. 199.

Nessa fase, as palmas das mãos devem estar viradas para baixo e empurrando a água para a frente, ficando abaixo da superfície até a realização completa da extensão do braço, conforme figura a seguir.

Figura 6.6 Continuação da braçada de peito – 4ª fase

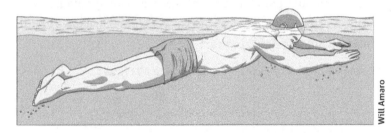

Fonte: Thomas, 1999, p. 199.

Indicações culturais

Os vídeos a seguir ajudam a compreender e aprimorar a técnica do nado de peito.

SIKANA. **Peito**: aprender a técnica básica. Disponível em: <https://www.sikana.tv/pt/sport/breaststroke/learn-the-basic-swimming-strokes>. Acesso em: 25 maio 2019.

Para melhorar o trabalho de braços.

SIKANA. **Peito**: melhorar o trabalho de braço. Disponível em: <https://www.sikana.tv/pt/sport/breaststroke/swimming-improve-your-arm-movements>. Acesso em: 25 maio 2019.

SIKANA. **Peito**: melhorar o trabalho de pernas. Disponível em: <https://www.sikana.tv/pt/sport/breaststroke/swimming-improve-your-leg-movements>. Acesso em: 25 maio 2019.

6.2 Processo pedagógico do nado peito: aprendizagem da ação de coordenação de pernas, braços e respiração

Depois de o aluno dominar a pernada e a braçada de peito, deve incorporar esse gestual para a realização da coordenação do movimento do nado, pois é necessário realizar o movimento de pernas, braços e respiração de forma coordenada.

Na **fase da respiração**, a cabeça deve estar fora da água, direcionada para cima e para a frente. Essa ação é realizada durante a fase do empurrão da braçada. Antes que a batida da perna comece, o rosto deve estar voltado para dentro da água.

Importante!

No final da década de 1960, um atleta brasileiro, José Silvio Fiolo, quebrou o recorde mundial dos 100 metros nado peito na piscina do Clube de Regatas do Guanabara, na cidade do Rio de janeiro. Treinado pelo técnico Roberto Pável, Fiolo nadou a prova no tempo de 1:06.40, tornando-se o homem mais rápido do mundo em 1968. (Lima, 1999).

A respiração do nado peito é realizada pela boca. Sucessivamente após a respiração, os ombros do aluno devem dirigir-se para baixo, afundando. O ar é solto dentro da água, pela boca e pelo nariz. Dependendo da velocidade do movimento, a respiração pode ser realizada de forma lenta e gradual, para grandes distâncias, ou de forma mais explosiva, para curtas distâncias.

Durante o nado peito, o aluno coordena os movimentos de braços, pernas e respiração. Ele deve iniciar o movimento de braços e levantar a cabeça. Enquanto puxa e eleva a cabeça para o alto, seus dois calcanhares devem se elevar, conforme ilustra a figura a seguir.

Figura 6.7 **Nado peito**

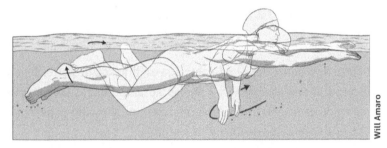

Fonte: Thomas, 1999, p. 121.

Após esse movimento, o aluno deve inspirar rapidamente. Suas mãos devem girar durante a aproximação dos cotovelos, e os pés devem ser girados para fora, realizando a propulsão de pernas do nado.

Figura 6.8 Nado peito

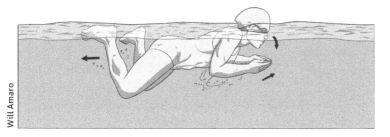

Fonte: Thomas, 1999, p. 121.

Em seguida, o rosto do aluno deve estar dentro da água enquanto executa o movimento de extensão dos braços à frente, realizando um chute vigoroso das pernas. Para finalizar, deve estender todo o corpo e realizar o deslize enquanto solta o ar.

Figura 6.9 Nado peito – deslize

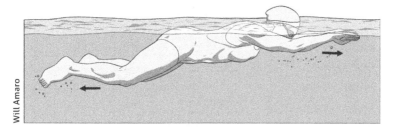

Fonte: Thomas, 1999, p. 121.

Palmer (1990) apresenta os erros de execução mais comuns. São pontos que o professor deve observar e corrigir sempre em seus alunos, para que o processo de ensino-aprendizagem seja realizado com eficiência.

Quadro 6.1 Erros mais comuns e correções para a execução do nado peito

Problemas no nado	Correções sugeridas
Recuperação	
Muito funda	▪ Palmas das mãos de 5 a 10 cm da superfície
Cotovelos flexionados	▪ Deve endireitar cotovelos; pressionar água para dentro
Entrada	
Mãos retas	▪ Os dedos das mãos flexionados (concha)
Cotovelos arriados	▪ Pegada por meio do pulso
Muito ampla	▪ Deve pressionar para baixo mais rápido
Puxada	
Braçada de cotovelo para trás	▪ Tracionar curto na linha do queixo
Braçada muito estreita	▪ Empurrar ao redor dos cotovelos
Braçada muito aberta	▪ Conservar embaixo dos cotovelos
Cotovelos arriados	▪ Cotovelos sempre acima das mãos
Mãos parando	▪ A braçada é um movimento único
Finalização	
Punho relaxado	▪ Conserve-o rígido; as palmas virando para cima
Mãos baixas	▪ Pressione para o queixo com palmas para cima
Deslize grande	▪ Precisando de perna forte
Sem deslize	▪ A pernada deve ser realizada com finalização
Respiração	
Respiração atrasada	▪ Deve levantar a cabeça mais cedo
Respiração feita muito cedo	▪ Deve deixar as mãos tocarem o queixo

(continua)

(Quadro 6.1 – conclusão)

Problemas no nado	Correções sugeridas
Pernada	
Joelhos muito baixos	• Devem ser conservados atrás dos quadris, não embaixo
Joelhos sem abertura	• O joelho deve estar fora da linha dos quadris (chicote)
Flexão excessiva dos quadris	• Dar ênfase à flexão dos joelhos, e não dos quadris; pode usar *pull buoy*
Deficiência da rotação dos pés	• Visual, com ajuda de um companheiro
Forma de cunha ou de tesoura	• Chicotear
Posição do corpo	
Cabeça muito alta	• Realizar exercícios com *pull buoy* com pernada de *crawl*
Cabeça muito baixa	• Dar ênfase à perna chicoteada
Ritmo incorreto	• Realizar extensão de braços com finalização das pernas

Fonte: Elaborado com base em Palmer, 1990, citado por Abreu, 1999, p. 77-78.

A técnica do nado peito é uma das que mais passaram por evoluções. McCauley (1999) afirma que, atualmente, existem três formas diferentes de nadar o estilo peito:

1. **Estilo convencional (plano)**: costumava ser o mais utilizado para o aprendizado de adultos e crianças. Com um deslocamento horizontal forte, provocado pela ação da pernada, o corpo desliza sem elevação de ombros no momento da respiração.
2. **Estilo ondulado**: o movimento de tronco deve ser semelhante ao da ondulação do golfinho. Consiste, primeiro, em um forte movimento de braço, buscando-se a maior elevação possível no momento da respiração. Em seguida, o nadador deve realizar um movimento de perna para trás e para baixo, provocando um encaixe de quadril para a

execução do deslize e a projeção para a frente. Esse estilo requer extrema flexibilidade.

3. **Estilo onda (moderno)**: foi inventado pelo treinador húngaro József Nagy. Atualmente, é o mais praticado por nadadores de elite de todo o mundo. Ao contrário do que se pensa, o estilo onda não é complexo, tampouco muito difícil de aprender. Apenas são necessárias algumas adaptações, por exemplo, no ângulo em que as mãos são lançadas, na velocidade de execução da pernada e no momento da respiração.

Figura 6.10 Nado peito

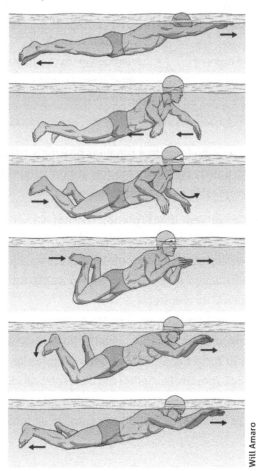

Will Amaro

Na fase submersa da saída do bloco, o nadador deve fazer a **filipina**. Trata-se de um conjunto de movimentos altamente propulsivos para otimizar as respectivas saídas e viradas.

A filipina sofreu no ano de 2008 uma importante modificação. Até então, em seus movimentos, as regras não permitiam nenhuma ação propulsiva de pernas no plano vertical (alternadas ou simultâneas), sob pena de desclassificação do nadador faltoso. Já a partir das Olimpíadas de Pequim, passou a ser permitida uma única ação simultânea de golfinhada durante a puxada longa dos braços. Atualmente, há notícias esparsas de que a FINA considera liberar o número de golfinhadas durante os 15 metros regulamentares de cada filipina. (Portal da Educação Física, 2013)

A filipina se caracteriza como um conjunto de técnicas executadas embaixo d'água. Seu uso é opcional, porém vantajoso, porque o turbilhonamento (arrasto atrás do nadador) na superfície reduz a resistência ao avanço do corpo na água. Contudo, se não for realizada com certa velocidade, acabará por ter o efeito contrário, tornando-se uma âncora para o nadador.

Na filipina, o aluno está totalmente submerso. Quanto mais fundo, maior a velocidade desenvolvida. A filipina é dividida nas seguintes etapas:

- Ao entrar na água, a cabeça define a profundidade. Por isso, ao realizar o primeiro deslize, denominado *streamline*, e uma puxada longa, a cabeça deve estar alinhada ao corpo do aprendiz e este deve estar olhando para baixo.
- Nesse deslize inicial, os braços e as pernas devem estar totalmente estendidos e a cabeça alinhada ao corpo.
- A puxada inicial dos braços deve ser realizada de forma simultânea para trás, com movimento forte, finalizando-se a ação com as mãos alinhadas ao corpo.
- A recuperação dos braços deve ser realizada próxima ao corpo, feita em conjunto com uma ação explosiva da pernada do nado.

Importante!

- "Queixo mais elevado do que a superfície da água, predomina a força de sustentação."
- Queixo mais próximo da superfície da água, predomina a força de tração." (Lima, 1999, p. 108)

O movimento completo da filipina deve ser realizado em três fases do deslize:

- o primeiro acontece após o mergulho de entrada na água;
- o segundo deslize ocorre após a realização da puxada de braço longa;
- o terceiro deslize acontece logo após a recuperação de braços e pernas ao final da filipina.

No processo de aprendizagem da filipina, o ideal é o aluno executar e vivenciar cada fase individualmente. Depois, unindo as fases, deve realizá-la por completo. O professor pode fazer o aluno realizar as partes do movimento em sequência, possibilitando sua melhora geral.

Indicações culturais

Os vídeos a seguir detalham os movimentos apresentados nesta seção.

BARDI, R. **Dicas de natação**: nado peito filipina simples. 17 out. 2013. Disponível em: <https://www.youtube.com/watch?v=L9CJIXaK6PU>. Acesso em: 25 maio 2019.

SIKANA. **Peito**: sincronizar movimentos de braços e pernas. Disponível em: <https://www.sikana.tv/pt/sport/breaststroke/synchronise-your-arm-strokes-and-leg-kicks>. Acesso em: 25 maio 2019.

RAIA 45. **Aprenda o nado peito**!! Natação. 30 nov. 2015. Disponível em: <https://www.youtube.com/watch?v=HUcgmwAitMo>. Acesso em: 25 maio 2019.

6.3 Processo pedagógico do nado borboleta: aprendizagem da ação de pernas e braços

O nado borboleta, comumente chamado de *golfinho*, deve ser o último nado a ser ensinado, pois seu aprendizado exige mais habilidade e força. Ele surgiu como evolução do nado peito. No início, incluía pernada de peito e braçada em um movimento simultâneo com recuperação da área dos braços. Depois, passou a ter ondulação do corpo e movimentos de braços e pernas realizados de forma simultânea.

> **Importante!**
>
> "O Hall da Fama Internacional de Natação diz que o inventor do nado borboleta foi o australiano Sydney Cavill, enquanto outros dizem que foi o alemão Erich Rademacher, e outros ainda falam no estadunidense Henry Myers" (Bernardo, 2016).

A **posição do corpo** se assemelha à posição do nado *crawl*, tendo como diferencial o fato de braços e pernas se movimentarem simultaneamente. O aluno se mantém em uma posição horizontal, tendo como objetivo diminuir, o máximo possível, o atrito do corpo com a água.

Maglischo (2010) afirma ser difícil falar em uma posição única para o nado borboleta. Durante sua realização, o corpo deve assumir três posições distintas em cada ciclo de braçada realizada. Cada posição tem um papel importante para que ocorra redução da resistência hidrostática da água.

1. O corpo deve ficar mais nivelado durante a fase propulsiva do braço, formada por puxada, empurrão e empurrão final.
2. O quadril deve se deslocar para cima e para a frente durante a primeira batida de pernas e o avanço da braçada.

Se a ação da batida de perna não acontecer dessa forma, não terá ação propulsora.
3. A força empregada na segunda batida de perna não pode ser muito grande; caso contrário, pode levar o aluno a erguer muito os quadris. A força deve ser usada para impedir o afundamento do quadril, enquanto os braços se movimentam para cima.

No nado borboleta, o **movimento de pernas** é responsável pela velocidade de propulsão. Quando executado, permite a ondulação do corpo, a qual termina no batimento dos pés.

No trabalho de pernas, a ondulação é fundamental, pois pouca ondulação reduz a propulsão e leva o aluno a puxar as mãos para baixo imediatamente após a entrada, deixando ainda de mergulhar a cabeça quando os braços entram na água. Aqueles que realizam grande ondulação tendem a dar pernadas mais fundas, tentando erguer os quadris acima da superfície. Porém, se os quadris sobem em demasia, eles tendem, depois, a descer demais, resultando em um aumento da resistência em forma de ondas.

O movimento do deslize da perna no nado borboleta é composto pelas seguintes etapas:

1. Para iniciar a pernada, o aluno deve estar na posição inicial de deslize. Em seguida, deve deslizar para a frente com os braços estendidos à frente do corpo.

Figura 6.11 Nado borboleta – deslize

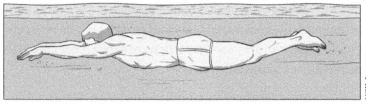

Fonte: Thomas, 1999, p. 64.

2. Todo o corpo deve passar pelo processo de ondulação, acompanhando o movimento da água. Nessa ação, os joelhos são flexionados quando a perna for impulsionada para baixo.

Figura 6.12 Nado borboleta – costas arqueadas na elevação das pernas

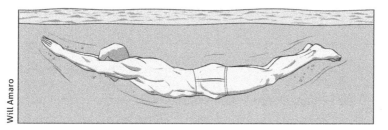

Fonte: Thomas, 1999, p. 64.

3. O aluno deve apontar os dedos para cima, arquear as costas e elevar as pernas.

Figura 6.13 Nado borboleta – braços conduzidos por cima da onda

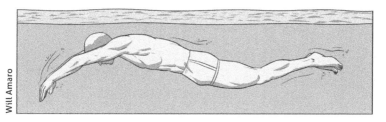

Fonte: Thomas, 1999, p. 64.

4. O movimento descendente das pernas fará com que os tornozelos, que já devem estar soltos, se alonguem, de forma que os pés fiquem apontando para cima. Os joelhos devem estar flexionados e os quadris, elevados.

Figura 6.14 Nado borboleta – movimento descendente das pernas

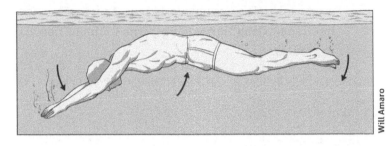

Fonte: Thomas, 1999, p. 64.

5. No movimento descendente das mãos, o aluno deve ir mais fundo com as mãos, empurrando para baixo a parte inferior das pernas e os pés.

Figura 6.15 Nado borboleta – movimento descendente das mãos

Fonte: Thomas, 1999, p. 64.

6. Nessa ação, o aluno deve direcionar suas mãos e seus braços para cima, elevando suas pernas, enquanto o quadril se volta para baixo. Na continuação da ondulação do corpo, as pernas devem ser mantidas unidas e realizando o movimento ondulatório.

Figura 6.16 Nado borboleta – mãos direcionadas para cima

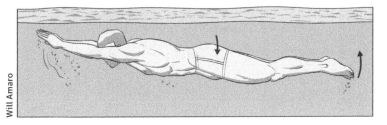

Fonte: Thomas, 1999, p. 64.

No **movimento de braços**, a ação é simultânea e simétrica. De acordo com Maglischo (2010), as braçadas apresentam as seguintes fases:

1. uma abertura dos braços;
2. uma pegada inicial;
3. a puxada;
4. o empurrão;
5. o empurrão final.

Apesar do movimento aparentemente simples, essa braçada é considerada uma das mais difíceis, pois os braços fazem a recuperação fora da água, simultaneamente.

Ao realizar o movimento de braços, a propulsão se assemelha à da braçada do *crawl*. No nado borboleta, porém, é iniciada na posição de deslize frontal. Os braços devem ficar estendidos acima da cabeça, na largura dos ombros. Na execução da braçada, os braços sempre realizam movimentos simultâneos.

Figura 6.17 Nado borboleta – 1ª fase – deslize inicial da braçada

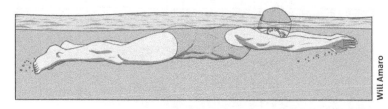

Fonte: Thomas, 1999, p. 71.

Após esse deslize, o aluno deve flexionar os pulsos, apontando os dedos para baixo, e flexionar de leve os cotovelos, virando as palmas das mãos levemente para fora. O movimento deve começar pela varredura com as mãos para fora e para baixo, fazendo um giro para dentro, flexionando-se os cotovelos, conforme a Figura 1.18. É necessário virar as palmas das mãos para facilitar a ação da varredura.

O aluno deve imaginar que está traçando um círculo com os dedos no fundo da piscina. Durante a primeira metade do círculo, os cotovelos devem estar à frente o máximo possível. Deve-se iniciar a puxada com os braços no momento em que mãos e antebraços passarem pelas orelhas.

Figura 6.18 Nado borboleta – 2ª e 3ª fases do movimento

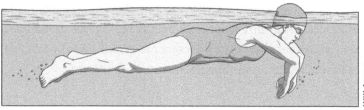

Fonte: Thomas, 1999, p. 71.

Os cotovelos devem estar flexionados a 90 graus, pressionados para trás e para dentro em direção à linha central do corpo até que as mãos tenham completado o círculo, quase tocando o peito do nadador.

Figura 6.19 Nado borboleta – 4ª fase

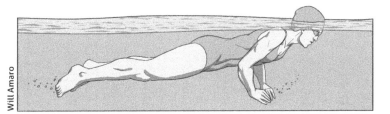

Fonte: Thomas, 1999, p.71.

Nessa fase, o aluno deve manter os pulsos relaxados, para que comecem a virar para trás. Em seguida, deve empurrar as mãos diretamente para trás, estender os cotovelos e separar as mãos o suficiente para passar ao lado das coxas com a palma das mãos para cima. Nesse momento, os cotovelos devem ser mantidos estendidos, enquanto os braços são tirados de dentro da água. Inicia-se o movimento trazendo os dois braços para a frente e ao lado do corpo. No início da saída do braço da água, as palmas das mãos devem estar viradas para cima e devem permanecer assim até que os braços fiquem na altura dos ombros.

Figura 6.20 Nado borboleta – 5ª fase

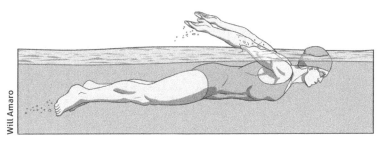

Fonte: Thomas, 1999, p. 71.

Nessa fase, o aluno começa a virar a palma da mão para baixo, trazendo os braços à frente, por fora da água, e fazendo o movimento aéreo com os braços estendidos, direcionando-os para entrarem novamente na água. Os cotovelos devem estar sempre elevados, como ilustra a figura a seguir.

Figura 6.21 Nado borboleta – 6ª fase

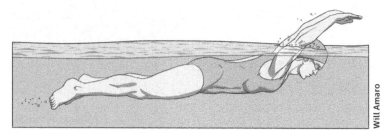

Fonte: Thomas, 1999, p. 71.

Na continuação das braçadas, mãos, cabeça e tronco devem mergulhar na água, por cima da onda formada por esse movimento. O aluno deve flexionar os punhos apontando os dedos para cima. Esse movimento possibilitará que ele volte à superfície da água, conforme mostram as figuras a seguir.

Figura 6.22 Nado borboleta – 7ª fase

Fonte: Thomas, 1999, p. 71.

> **Indicações culturais**
>
> Para auxiliar no processo pedagógico, sugerimos analisar a braçada de borboleta demonstrada no vídeo a seguir.
>
> BAREL, Samir Botelho. **41 – Braço borboleta**. 11 fev. 2016. Disponível em: <https://www.youtube.com/watch?v=MPAIFJEV6YQ>. Acesso em: 25 maio 2019.

6.4 Processo pedagógico do nado borboleta: aprendizagem da coordenação de pernas, braços e respiração

A **respiração** no nado borboleta é "similar à do nado crawl, em que expiramos pela boca e nariz na fase de puxada e inspiramos no empurre, apenas que agora o movimento da cabeça é frontal" (Mansoldo, 1986, p. 73).

Segundo Souza et al. (2019, p. 4), a respiração no nado borboleta pode ser

> classificada com o número de braçadas: 1 x 1, 2 x 1 ou 3 x 1. No período em que o rosto permanece na água, executa-se a expiração por meio da boca e/ou nariz e a inspiração é realizada sequencialmente à expiração, através de uma rápida suspensão frontal da cabeça, com o queixo mantendo-se na água.

Nesse estilo de nado, o aluno pode optar por realizar a respiração na posição frontal ou lateral, conforme sua adaptação. Mansoldo (1986) afirma que, para a respiração frontal, o movimento respiratório deve acontecer elevando-se a cabeça o suficiente para que a boca fique fora da água. Caso opte pela respiração lateral, o aluno deve utilizar a técnica de respiração do nado *crawl*.

Em seguida, inicia-se a coordenação do trabalho de pernas, braços e respiração. O professor deve solicitar ao aluno que realize o trabalho de pernas com os braços estendidos à frente e acima da cabeça. Quando ele realizar o primeiro movimento do braço, este deve estar coincidindo com um movimento descendente da pernada de borboleta.

Na recuperação dos braços fora da água, as pernas devem estar realizando seu batimento com movimento para cima. Uma nova batida deve ser realizada para baixo. Nesse momento, cabeça, braços e mãos entram na água.

A expiração deve ser realizada no momento em que as pernas se elevam para uma nova batida de perna. O ciclo do nado tem o seguinte movimento coordenativo: uma braçada, respiração, duas pernadas.

Vejamos, nas figuras a seguir, a sequência do ciclo.

1. O aluno deve deslizar de frente, com as costas levemente arqueadas.

Figura 6.23 Deslize de frente com os braços estendidos

Fonte: Thomas, 1999, p. 71.

2. As pernas descem, os braços executam a puxada e ocorre a inspiração.

Figura 6.24 ■ Execução da puxada e inspiração

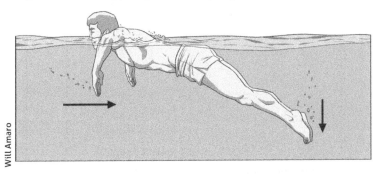

Fonte: Thomas, 1999, p. 71.

3. As pernas se elevam e os braços sobem à frente, por cima da água.

Figura 6.25 ■ Braços sobem à frente por cima da água

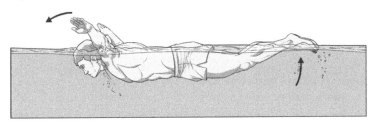

Fonte: Thomas, 1999, p. 71.

4. As pernas descem e os braços e a cabeça entram na água.

Figura 6.26 Braços e cabeça na água

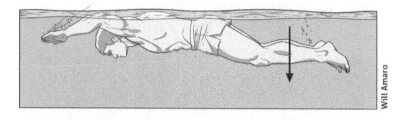

Fonte: Thomas, 1999, p. 71.

5. As pernas se elevam, os braços deslizam, os pulsos ficam flexionados e ocorre a expiração.

Figura 6.27 Braços deslizando e expiração

Fonte: Thomas, 1999, p. 71.

Quadro 6.2 Erros mais comuns e correções sugeridas para a execução do nado borboleta

Problemas No Nado	Correções Sugeridas
Recuperação	
Mãos altas	▪ Abaixar os dedos para a água
Braços retos	▪ Dobrar os cotovelos; visualizar o movimento
Braços afastados	▪ Passar os ombros próximos à orelha
Entrada	
Mãos chatas	▪ Os dedos devem estar voltados para baixo
Entrando os punhos	▪ Deve deslizar as mãos abaixo da superfície
Mãos muito afastadas	▪ Mãos entrando na frente dos ombros
Pulso ou braço na frente	▪ Deve fletir os cotovelos

(continua)

(Quadro 6.2 – conclusão)

Problemas No Nado	Correções Sugeridas
Puxada	
Ondulação em demasia	▪ Deve encolher a puxada das mãos abaixo do corpo
Mãos deslizando para fora	▪ Deve tocar os dedos abaixo do corpo
Mãos no peito	▪ Deve manter os cotovelos a 90 graus
Puxada curta	▪ Deve tocar a virilha
Saída pelas palmas das mãos	▪ Os dedos saem do bolso
Pernada	
Pernada ineficiente	▪ Deve verificar a ação da segunda pernada
Quadril baixo	▪ Abaixar a cabeça
Dobrando os joelhos	▪ Para dobrar menos, usar pé de pato
Respiração	
Cedo	▪ Deve esperar a saída das mãos
Tarde	▪ Deve levantar a cabeça quando as mãos estiverem sob o peito
Cabeça parada	▪ Verificar duas batidas de perna
Sem padrão	▪ Estabelecer 2/1
Cabeça muito alta	▪ Manter o queixo na superfície
Cabeça levantada muito tempo	▪ Cabeça para baixo antes que as mãos entrem na água
Posição do corpo	
Puxada reta do corpo	▪ Deve ondular bem os quadris (baixar a cabeça)
Pouca ondulação	▪ Usar pé de pato – três pernadas, uma braçada
Corpo muito rígido	▪ Realizar pernadas com pé de pato na posição lateral

Fonte: Elaborado com base em Palmer, 1990, citado por Abreu, 1999, p. 8-10.

> ### ||| *Indicações culturais*
>
> Para visualizar o nado borboleta completo, sugerimos os seguintes vídeos a seguir.
>
> SWIM CHANNEL. **Técnica do nado borboleta**. 19 maio 2017. Disponível em: <https://www.youtube.com/watch?v=JeTZDiPbFUA>. Acesso em: 25 maio 2019.
>
> ATIVO PLAY. **Nado borboleta**: melhore sua técnica. 21 dez. 2015. Disponível em: <https://www.youtube.com/watch?v=T8j9F9S6D0o>. Acesso em: 25 maio 2019.
>
> RAIA 45. **3 dicas para melhorar o nado borboleta!!** Natação. 8 out. 2015. Disponível em: <https://www.youtube.com/watch?v=TRyNIJA-Dkk>. Acesso em: 25 maio 2019.

6.5 Saídas e viradas: nado peito e borboleta

Na natação, as **saídas** realizadas são de dois tipos:

1. saída de cima do bloco com um mergulho para os estilos do nado livre, peito e borboleta;
2. saída de dentro da piscina para o estilo do nado costas.

A função da saída é impulsionar o nadador para a frente com o maior impulso possível. As regras, de modo geral, tiveram algumas modificações. A seguir, apresentaremos regulamentações da Federação Internacional de Natação (Fina) para o período de 2017 a 2021.

Indicações culturais

As regras oficiais da natação aprovadas pela Fina para o período 2017-2021 podem ser consultadas no seguinte *link* a seguir.

CBDA – Confederação Brasileira de Desportos Aquáticos. **Regras oficiais de natação 2017-2021**. Tradução de Renato Barroso. 1º. fev. 2018. Disponível em: <https://www.cbda.org.br/_uploads/natacao/RegrasOficiaisNatacao2017_2021.pdf>. Acesso em: 25 maio 2019.

As saídas, ou partidas, como são chamadas pela Fina nas provas do nado livre, peito e borboleta, são realizadas com um mergulho. A Regra SW4.1 da Fina (CBDA, 2019f) determina:

> Ao apito longo (SW 2.1.5) do Árbitro Geral, os nadadores devem subir no bloco de partida e ali permanecer. Ao comando "às suas marcas", do Juiz de Partida, devem colocar-se imediatamente na posição de partida, com pelos menos um pé na parte dianteira do bloco. A posição das mãos não é relevante. Quando todos os nadadores estiverem imóveis, o Juiz de Partida deve dar o sinal de partida. (CBDA, 2019c, p. 9)

Uma dica importante para o professor repassar aos alunos: deve-se ficar atento à entrada das mãos na água. Por onde as mãos entrarem, todo o restante do segmento do corpo também deverá passar.

A saída de agarre, como apresentado no Capítulo 5, deve ser executada tal como mostrado na Figura 6.28.

Figura 6.28 Saída de agarre – 4 fases

1. Com a cabeça para baixo e com os quadris acima dos pés, agarre o lado inferior do bloco com as mãos por dentro ou por fora dos pés.	2. Ao sinal da partida, tracione contra o lado inferior do bloco, para fazer com que seu corpo comece a se mover para a frente.

3. Leve as mãos para cima, sob o queixo, ao se afastar do bloco de partida.	4. Olhe para baixo e projete-se também para baixo ao deixar o bloco de partida. Decole em um ângulo de 45 graus.

Importante!

A saída mais utilizada na natação competitiva é chamada de *grab start*, conhecida como *saída de agarre*. Ela foi introduzida na década de 1970 e, atualmente, é utilizada nas saídas de revezamento (Lima, 1999).

A Figura 6.29 ilustra as fases da **saída de atletismo**.

Figura 6.29 Saída de atletismo – 4 fases

1. Posição preparatória: posicione um dos pés na parte de trás do bloco de partida e incline-se para trás, de modo que seu peso esteja sobre o pé de trás.

2. Empurrada: ao sinal da partida, puxe intensamente o lado inferior do bloco de partida para fazer com que seu corpo comece a movimentar-se para a frente.

3. Impulso do bloco: projete-se primeiro com a perna de trás e leve sua mão para cima, sobre o queixo.

4. Impulso do bloco: projete-se com a perna de frente e avance na direção da água.

Will Amaro

É importante não esquecer: na saída do nado peito, o aluno deve realizar a filipina ao entrar na água. Na saída do nado borboleta, deve realizar a ondulação.

Indicações culturais

Os vídeos a seguir apresentam as saídas na prática.

Técnica do nado e saída do nado peito

VEIGA, W. **Vídeo Paulinho técnica de nado e saída nado peito**. 7 abr. 2012. Disponível em: <https://www.youtube.com/watch?v=rto91XbyaPs>. Acesso em: 25 maio 2019.

Saída do nado borboleta

CHIESI, F. **Saída borboleta**. 26 dez. 2013. Disponível em: <https://www.youtube.com/watch?v=n1WfMPbLEdw>. Acesso em: 25 maio 2019.

As **viradas** têm como função manter a continuidade do nado, sem interrupção durante a volta. São usadas tanto em piscinas de 25 metros quanto em piscinas de 50 metros. Cada estilo apresenta uma virada, e cada nado tem uma característica específica definida pela Fina.

A virada do nado peito é realizada em três fases, descritas a seguir.

1. **Fase de preparação**: deve-se avaliar a distância existente até a borda e, ao dar a pernada, deslizar até a parede.

Figura 6.30 Virada do nado peito – fase de preparação

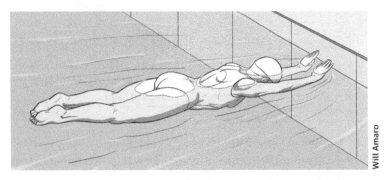

Fonte: Thomas, 1999, p. 97.

2. **Fase de execução**: é preciso tocar as duas mãos simultaneamente na parede; puxar o corpo ou deslizar até a parede; flexionar, virar de lado, pressionar com uma mão e inspirar; girar o corpo, deixando braços à frente com o rosto virado para baixo; colocar os pés na parede, dar um impulso e deslizar embaixo da água; dar uma puxada longa e deslizar; depois, dar uma pernada até a superfície.

Figura 6.31 Virada do nado peito – fase de execução

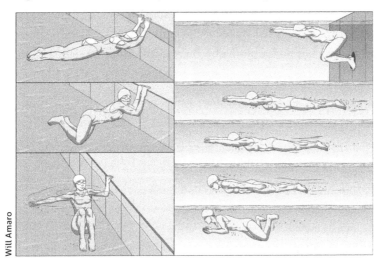

Fonte: Thomas, 1999, p. 98-99.

3. **Fase de execução do movimento completo**: deve-se romper a superfície e realizar a retomada do nado.

Figura 6.32 Virada do nado peito – fase de execução do movimento completo

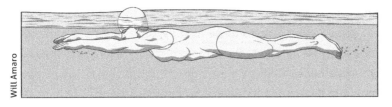

Fonte: Thomas, 1999, p. 100.

De acordo com Velasco (1997), as chegadas dos respectivos nados apresentam características específicas. Essas chegadas integram as regras estabelecidas pela Fina. A entidade determina que, nos nados peito e borboleta, o nadador deve tocar com as duas mãos, simultaneamente, na borda.

Indicações culturais

Nos vídeos a seguir, veja nadadores demonstrando movimentos de virada do nado borboleta.

> PAULA, Juliano Ferreira de. **Virada de borboleta**. 13 abr. 2011. Disponível em: <https://www.youtube.com/watch?v=XE4d_T1JQkE>. Acesso em: 25 maio 2019.
>
> RAIA 45. **Dicas de natação/ virada simples (borboleta e peito)!!** 23 jul. 2015. Disponível em: <https://www.youtube.com/watch?v=CP229BrOU3s>. Acesso em: 6 dez. 2019.

6.6 Nado *medley*

Apresentados os quatro estilos de natação, podemos então passar para a categoria do **nado medley**, que consiste em nadar uma prova de 200 ou 400 metros utilizando-se os quatro nados. O revezamento obedece a uma ordem, conforme o tipo de disputa. Em provas individuais, a ordem é nado borboleta, costas, peito e livre. Em provas com revezamento, é nado costas, peito, borboleta e livre.

A transição entre nados também tem regras específicas:

- **Transição do nado borboleta para o nado costas**: o nadador deve fazer a chegada do nado borboleta tocando as duas mãos simultâneas na parede da piscina e escolher a melhor forma de realizar a virada para dar continuidade à prova do nado costas. Deve voltar à sua posição assim que seus ombros ultrapassarem do lado vertical para o nado costas, antes mesmo que seus pés deixem a parede (Lima, 1999; Maglischo, 2010).

- **Transição do nado costas para o nado peito**: o nadador deve fazer a chegada do nado tocando a parede da borda da piscina na posição de costas, "não sendo permitido que durante a virada do nado costas para o peito no nado medley os nadadores realizem a virada de cambalhota frontal" (Lima, 1999, p. 159). O nadador deve chegar como determinado na regra do nado costas, de duas maneiras:

    a. *Na chegada do nado costas, o nadador deve tocar uma das mãos na borda da piscina, abaixo do nível da água, aproximadamente dois azulejos. Realiza uma cambalhota completa de costas saindo na posição frontal, impulso, filipina e movimento da pernada. Nesta virada é importante a última inspiração antes da cambalhota para o nadador ter uma ótima condição de virada (o tempo de permanência submerso é maior que a de outra técnica).*

    b. *Na chegada do nado costas, o nadador deve colocar uma das mãos na borda da piscina, na superfície da água, elevar as pernas realizando um giro lateral, no meio da trajetória, passar para a posição frontal, impulso, filipina e pernada.* (Lima, 1999, p. 160)

- **Transição do nado peito para o nado livre**: o aluno chega, segundo a regra do nado peito, tocando a parede com as duas mãos simultaneamente. A última parte da prova a ser praticada é o nado livre (Lima, 1999; Maglischo, 2010).

A diferença da transição das viradas no nado *medley* ocorre no **revezamento**, que inicia com o nado costas, seguido pelos nados peito, borboleta e livre. As regras permanecem as mesmas do nado individual.

Indicações culturais

Este vídeo apresenta viradas simples do nado *medley*.

FLOSE, T. **Virada simples do nado medley com Gustavo Borges**. 5 nov. 2014. Disponível em: <https://www.youtube.com/watch?v=Jy81hHl1XSw>. Acesso em: 25 maio 2019.

O texto a seguir auxilia no desenvolvimento de métodos de ensino.

SILVA, L. S.; TEIXEIRA, C. S. Propostas metodológicas para o ensino das saídas de agarre e de atletismo para provas de velocidade na natação. **EFDeportes**, Buenos Aires, v. 17, n. 170, jul. 2012.

Síntese

Neste capítulo, vimos o processo metodológico dos nados peito e borboleta. Mostramos que o ensino dos nados deve apresentar a seguinte ordem: ensinar os nados *crawl*, costas, peito e, por fim, o nado borboleta.

Destacamos o nado peito como um nado de sobrevivência, pois permite ao nadador estar de frente na água, possibilitando que a ação de braços e pernas seja simétrica. É praticado com o corpo quase o tempo todo embaixo da água, exceto a cabeça. Vimos que o aluno, na fase submersa da saída do bloco, deve executar a filipina, que busca otimizar as saídas e as viradas. Por isso, é considerado um movimento altamente propulsivo.

Apontamos que o nado borboleta deve ser o último nado a ser ensinado, pois sua aprendizagem exige mais habilidade e força. Nele, o corpo deve ficar mais nivelado durante a fase propulsiva do braço. Durante a primeira batida de pernas, o quadril deve se deslocar para cima e para a frente. A respiração deve ser feita quando os ombros e a cabeça estiverem elevados acima do nível da água. Ela pode ser realizada de maneira frontal ou lateral, pois isso depende da adaptação de cada nadador.

Atividades de autoavaliação

1. Assinale a alternativa que indica como se realizam as chegadas dos nados peito e borboleta:
   a) Com um toque de qualquer parte do corpo na borda da piscina.
   b) Com um único toque simultâneo das duas mãos na borda da piscina.
   c) Com o toque das duas mãos na borda da piscina, mas sem a necessidade de serem simultâneos.
   d) Com a cabeça na borda da piscina.
   e) Com o toque obrigatório de uma mão e, depois, da outra na borda da piscina.

2. No nado borboleta, a posição do corpo se assemelha à do estilo *crawl*, tendo como diferença que braços e pernas são movimentados simultaneamente. O aluno se mantém em posição horizontal e plana, tendo como objetivo diminuir, o máximo possível, o atrito do corpo com a água. Analise as afirmativas a seguir.
   I. O movimento de pernas do nado borboleta é responsável pela velocidade de propulsão. Quando executado, não permite a ondulação do corpo do aluno.
   II. Na pernada, todo o corpo do aluno deve passar pelo processo de ondulação, acompanhando o movimento da água. Nessa ação, os joelhos são flexionados quando as pernas forem impulsionadas para baixo.
   III. Na pernada, o movimento descendente realizado fará com que os tornozelos, que devem estar soltos, se alonguem, de forma que os pés fiquem apontando para cima. Além disso, os joelhos devem estar flexionados e os quadris, elevados.

Agora, assinale a alternativa certa:
a) Somente as afirmativas II e III estão corretas.
b) Somente as afirmativas I e II estão corretas.
c) Somente as afirmativas I, II e III estão corretas.
d) As afirmativas I, II e III estão incorretas.
e) Somente as afirmativas I e III estão corretas.

3. Sobre a saída dos nados peito e borboleta, considere as afirmativas a seguir.
   I. Só pode ser realizado um único tipo de saída nos dois estilos.
   II. A saída do atletismo é realizada com os dois pés unidos no bloco de partida.
   III. A saída deve ser realizada na borda da piscina.
   IV. Existem duas técnicas que podem ser executadas na saída.

   Está(ão) corretas a(s) afirmativa(s):
   a) I, II, III e IV.
   b) II.
   c) III.
   d) III e IV.
   e) I, II e III.

4. Sobre o nado peito, considere as afirmativas.
   I. A pernada do peito deve apresentar: a) um afastamento das pernas; b) uma puxada; c) um empurrão; d) uma ação de deslizamento; e) uma fase de recuperação.
   II. A posição do corpo nesse estilo de nado é extremamente importante. Deve ficar sempre na posição horizontal, em decúbito ventral, e permanecer no nível do ombro e do quadril. A cabeça deve se elevar e se abaixar durante o movimento da respiração.
   III. A braçada apresenta uma limitação do movimento também na fase de braçada submersa, pois nela não existe tração.

Estão corretas as afirmativas:

a) II e III.
b) I e II.
c) I, II e III.
d) I e III.
e) Todas as alternativas estão incorretas.

5. O nado peito apresenta as mesmas exigências quanto ao fator hidrodinâmico. No momento de ensinar a ação propulsiva, no entanto, é necessário prestar atenção à posição do corpo na água, pois:

   I. o corpo do aluno passa de uma posição plana em relação aos seus quadris, ficando sempre na superfície da água.
   II. o nado é praticado com o corpo quase o tempo todo embaixo da água, exceto a cabeça.
   III. o corpo fica sempre na posição horizontal, em decúbito ventral, devendo permanecer no nível do ombro e do quadril. A cabeça deve se elevar e se abaixar durante o movimento da respiração.
   IV. consiste no único estilo de nado em que pernas e braços trabalham de forma simultânea.
   V. ao compararmos com os outros estilos, é considerado mais lento, porém o mais bonito de se assistir.

É correto apenas o que se afirma em:

a) I e II.
b) I, III e V.
c) I, II e IV.
d) I, II, III e IV.
e) I, II, III, IV e V.

Atividades de aprendizagem

Questões para reflexão

1. Com base no que vimos neste capítulo, podemos afirmar que o nado peito é praticado de forma a manter a simultaneidade do movimento dos braços e das pernas. Assim, quais são as particularidades que o diferenciam dos outros nados que são realizados de forma alternada? Faça uma breve síntese sobre isso e, depois, apresente-a ao seu grupo de estudos.

2. Selecione dois textos sobre o ensino do nado borboleta e dois sobre o ensino do nado peito. Leia-os com atenção, faça um comparativo e aponte como ocorre o processo de ensino-aprendizagem dos nados. Em seguida, apresente o resultado do trabalho ao seu grupo de estudos.

Atividade aplicada: prática

1. Converse com três professores de natação e peça a eles que indiquem dois exercícios de fácil, média e difícil execução para o aprendizado do nado peito e do nado borboleta. Compare os resultados apresentados por eles e faça um *checklist* com os exercícios, explicando-os pedagogicamente. Para tirar possíveis dúvidas, releia informações apresentadas neste capítulo.

Considerações finais

Começo destacando que o lugar de onde falo remete ao mundo do esporte de alto rendimento, especificamente a modalidade da natação, e dela falo com o olhar e com a lógica de quem foi técnica de uma equipe competitiva.

Meu envolvimento com o esporte antecedeu o período de minha formação acadêmica inicial, pois eu era atleta de basquetebol. Ao longo de 20 anos, minha intervenção profissional ocorreu na natação, em escolinhas, exercendo as funções de professora de natação na iniciação pedagógica e coordenadora de escolas de natação. No campo do rendimento, iniciei como técnica de equipe máster, auxiliando, depois, equipes de base e, posteriormente, como técnica da equipe principal.

Por aproximadamente 15 anos, trabalhei como técnica de natação no Paraná, nas cidades de Londrina e Foz do Iguaçu. Isso me permite afirmar que a forma como o técnico de natação de rendimento realiza sua intervenção profissional apresenta indícios interessantes no que diz respeito aos aspectos que norteiam sua prática profissional à beira da piscina.

Hoje, quando faço uma retrospectiva da maneira como consegui me capacitar como técnica de natação, percebo ter percorrido um grande trajeto no processo de minha formação profissional. A docência no ensino superior colaborou para que eu pudesse olhar o esporte e minha intervenção profissional como técnica de natação de forma crítico-reflexiva. O olhar plural que passei a lançar sobre a natação melhorou minha leitura em relação à educação física e ao próprio esporte.

Assim, ao finalizar este livro, entendo que ele pode contribuir para a formação de vários profissionais que queiram mergulhar nesse campo de atuação. Foi uma tarefa árdua escrever sobre o que me parecia fácil. Falava e continuo falando desses assuntos diariamente. Porém, sistematizá-los para que o outro compreenda gerou angústias e dúvidas.

Aqui está o produto final: uma coletânea de assuntos relacionados a atividades que fazem parte do mundo da beira da piscina, mundo este que fascina e que nos faz mergulhar cada vez mais em suas águas. O bom professor, ou seja, o bom profissional, é aquele que, em suas ações pedagógicas, descobre diariamente o prazer de ensinar, ler e conhecer.

Finalizo este desafio apontando que toda obra escrita é inacabada. Sempre há algo a complementar. Entretanto, concluo com a certeza de que este livro ampliará as discussões sobre as temáticas levantadas no campo das atividades aquáticas. Todo processo de ensino-aprendizagem necessita de métodos, formas de organização e conhecimento prévio. Aqui, pretendemos oferecer um guia para nortear o jovem profissional em sua prática. Você ainda tem à disposição uma farta literatura sobre a natação, tanto em seus aspectos teóricos quanto nos práticos. É essencial que todo profissional do campo aquático saiba sistematizar os conteúdos. Para isso, é preciso entrar em contato com uma base conceitual clara, de forma a adquirir conhecimentos e princípios basilares para a prática de professor de natação.

Ao longo da formação, absorvem-se saberes que devem dialogar entre si. Para isso, buscamos embasamento em autores clássicos e recentes. Acreditamos que esse cotejo será uma inspiração para que você desenvolva seu próprio estilo de trabalho, sempre tendo como objetivo a organização e a eficiência.

O campo da natação é prático, porém sedimentado na ciência. Deve dialogar com os saberes da psicomotricidade, do desenvolvimento motor, do treinamento, da didática, do processo de ensino-aprendizagem, entre outros. São saberes que auxiliarão na formação de um profissional antenado e maduro para o ingresso no mercado de trabalho.

Acreditamos, por fim, que os textos e os vídeos sugeridos, bem como todo o conteúdo deste livro, ajudarão você no processo didático e metodológico. Que este seja o início de uma caminhada que o transforme em um profissional constantemente preocupado com a educação!

Referências

ABMN – Associação Brasileira Másters Natação. **Regras de natação máster da FINA**. Disponível em: <https://www.abmn.org.br/regras-fina/>. Acesso em: 25 maio 2019.

ABRAMOVAY, M.; ANDRADE, E. R.; ESTEVES, L. C. G. (Org.). **Juventudes**: outros olhares sobre a diversidade. Brasília: Ministério da Educação/Secretaria Nacional de Juventude, Unesco, 2007. (Coleção Educação para Todos).

ABREU, M. C.; MASETTO, M. T. **O professor universitário em aula**. São Paulo: MG Editores Associados, 1990.

ABREU, R. C. Desenvolvimento dos quatros nados. In: SILVA, C. I. **Manual do treinador de natação**: nível trainee. Belo Horizonte: Fam, 1999. Cap. 3.

ACADEMIA BOA FORMA. Disponível em: <http://blog.academiaboaforma.com.br/metodologia-gustavo-borges-conheca-esse-metodo-de-natacao-em-osasco/>. Acesso em: 16 set. 2018.

ACADEMIA IMPULSO. **Aula de natação para bebês**. 24 maio 2009. Disponível em: <https://www.youtube.com/watch?v=0JE4UF7zc8s>. Acesso em: 25 maio 2019.

ACADEMIA STUDIO CORPO LIVRE. **Hidro Power**. 26 abr. 2016. Disponível em: <https://www.youtube.com/watch?v=6U5LboKnC-M>. Acesso em: 25 maio 2019.

ALEGRIA KIDS. **Natação para crianças**. 4 out. 2015. Disponível em: <https://www.youtube.com/watch?v=GsUy2qoO13s>. Acesso em: 25 maio 2019.

ALENCAR, V. **Competição de natação máster**: 50 m nado livre. 5 dez. 2011. Disponível em: <https://www.youtube.com/watch?v=Z-Vtcdo48_k>. Acesso em: 25 maio 2019.

ALVES JUNIOR, E. D. Procurando superar a modelização de um modo de envelhecer. **Movimento**, Porto Alegre, v. 10, n. 2, p. 54-71, 2004.

ALVES, M. P. et al. Motivos que justificam a adesão de adolescentes à prática da natação: qual o espaço ocupado pela saúde? **Revista Brasileira de Medicina Esportiva**, Niterói, v. 13, n. 6, p. 421-426, nov./dez. 2007.

AQUABABY. **Aulas de natação para bebês**. Disponível em: <https://www.youtube.com/watch?v=dW2hgK366ss>. Acesso em: 25 maio 2019.

AQUANAII. **Saída de costas**. 29 jan. 2016. Disponível em: <https://www.youtube.com/watch?v=wTk2w_8mzCc>. Acesso em: 25 maio 2019.

ASSUNÇÃO, E.; COELHO, J. M. T. **Problemas de aprendizagem**. São Paulo: Ática, 1997.

ATIVO PLAY. **Nado borboleta**: melhore sua técnica. 21 dez. 2015. Disponível em: <https://www.youtube.com/watch?v=T8j9F9S6D0o>. Acesso em: 25 maio 2019.ATLAS do esporte no Brasil. 2005. Disponível em: <http://www.atlasesportebrasil.org.br/escolher_linguagem.php>. Acesso em: 25 maio 2019.

BARBALHO, R. **Plano de aula iniciação à natação**. Disponível em: <http://cadernoedf.blogspot.com/2015/02/plano-de-aula-iniciacao-natacao.html>. Acesso em: 25 maio 2019.

BARBOSA, A. R. et al. Efeitos de um programa de treinamento contra resistência sobre a força muscular de mulheres idosas. **Revista Brasileira de Atividade Física & Saúde**, v. 3, n. 3, p. 13-20, 2000.

BARBOSA, T. et al. A adaptação ao meio aquático com recurso a situações lúdicas. **EFDeportes**, Buenos Aires, ano 17, n. 170, jul. 2012. Disponível em: <http://www.efdeportes.com/efd170/a-adaptacao-ao-meio-aquatico.htm>. Acesso em: 25 maio 2019.

BARBOSA, T. Generalidades sobre organização e a gestão dos programas de natação para bebês. **Lecturas: Educación Física y Deportes**, Buenos Aires, ano 4, n. 17, 1999.

BARBOSA, T. **Manual prático de actividades aquáticas e hidroginástica**. Lisboa: Xistarca, 2000.

BARDI, R. **Como fazer a virada olímpica:** dicas de natação. 9 maio 2013. Disponível em: <https://www.youtube.com/watch?v=oYN5Wf7zowc>. Acesso em: 25 maio 2019.

_____. **Dicas de natação:** nado peito filipina simples. 17 out. 2013. Disponível em: <https://www.youtube.com/watch?v=L9CJIXaK6PU>. Acesso em: 25 maio 2019.

BARDI, R. **Perna do crawl**: dicas de natação. 14 jan. 2013. Disponível em: <https://www.youtube.com/watch?v=3LMvsHnTG70>. Acesso em: 25 maio 2019.

_____. **Ritmo da respiração nado crawl**: dicas de natação. 14 maio 2012. Disponível em: <https://www.youtube.com/watch?v=pX1ZM-U18f4>. Acesso em: 25 maio 2019.

_____. **Saída da natação mergulho (iniciantes)**. 17 jun. 2012. Disponível em: <https://www.youtube.com/watch?v=KtYJv_L3po8>. Acesso em: 25 maio 2019.

BAREL, S.B. **41 – Braço borboleta**. 11 fev. 2016. Disponível em: <https://www.youtube.com/watch?v=MPAIFJEV6YQ>. Acesso em: 25 maio 2019.

BAUR, R.; EGELER, R. **Ginástica, jogos e esporte para idosos**. Rio de Janeiro: Ao Livro Técnico, 1983.

BERNARDO, K. **Como surgiu e se desenvolveu o belo e complexo nado borboleta**. 13 ago. 2016. Disponível em: <https://www.freetheessence.com.br/unplug/corpo-e-mente/nado-borboleta-origens/>. Acesso em: 2 jul. 2019.

BONACELLI, M. C. L. M. **A natação no deslizar aquático da corporeidade**. 166 f. Tese (Doutorado em Educação Física) – Universidade Estadual de Campinas, Campinas, 2004.

BONACHELA, V. **Manual básico de hidroginástica**. 2. ed. Rio de Janeiro: Sprint, 2001.

BONACHELA, V.; NOGUEIRA, M. P. Aqua Gym. **Revista Nadar**, São Paulo, n. 87, p. 19-31, jun. 1995.

BORGES, G. **Dica de nado crawl**. 15 out. 2013. Disponível em: <https://www.youtube.com/watch?v=yVM6xOFqW44>. Acesso em: 25 maio 2019.

_____. **Dica de natação**: ritmos de perna crawl. 10 fev. 2017. Disponível em: <https://www.youtube.com/watch?v=LAS-Z4xqvJs>. Acesso em: 25 maio 2019.

_____. **Natação**: dica do nado costas. 23 jul. 2012. Disponível em: <https://www.youtube.com/watch?v=dGa1tyboVbU>. Acesso em: 25 maio 2019.

BORGES, R. K. F. de M.; MACIEL, R. M. A influência da natação no desenvolvimento dos aspectos psicomotores em crianças da educação infantil. **Revista Científica Multidisciplinar Núcleo do Conhecimento**, ano 1, v. 9, p. 292-313, out./nov. 2016. Disponível em: <https://www.nucleodoconhecimento.com.br/EDUCACAO/

INFLUENCIA-DA-NATACAO-NO-DESENVOLVIMENTO-DOS-ASPECTOS-PSICOMOTORES-EM-CRIANCAS-DA-EDUCACAO-INFANTIL>. Acesso em: 25 maio 2019.

BRASIL. Rede Nacional de Esportes. **Maratonas aquáticas**. 2016. Disponível em: <http://www.brasil2016.gov.br/pt-br/megaeventos/olimpiadas/modalidades/maratonas-aquaticas>. Acesso em: 17 dez. 2017.

BRASIL. Ministério do Desenvolvimento Social e Combate à Fome. **Política Nacional do Idoso**. Brasília, 2010.

BRESGES, L. **Natação para meu neném**. Rio de Janeiro: Ao livro Técnico, 1980.

BRITO, A. O.; SABINO, L. L.; SOUZA, R. A. **A influência da natação nas habilidades fundamentais básicas de crianças de 7 a 9 anos**. Trabalho de Conclusão de Curso (Licenciatura em Educação Física) – Centro Universitário Católico Salesiano Auxilium, Lins, 2007.

BUENO, J. M. Discutindo sobre metodologia e sobre uma aula ideal de natação infantil. In: FIGUEIREDO, P. A. P. (Org.). **Bebês e crianças**: reflexões da Academia Brasileira de profissionais de Natação Infantil. Uberlândia: Z3, 2017. p. 83-114.

CAMARGOS, E. K. de; MACIEL, R. M. A importância da psicomotricidade na educação infantil. **Revista Científica Multidisciplinar Núcleo do Conhecimento**, ano 1, v. 9, p. 254-275, out./nov. 2016. Disponível em: <https://www.nucleodoconhecimento.com.br/educacao/psicomotricidade-na-educacao-infantil>. Acesso em: 25 maio 2019.

CAMPOS, S. D. F. de et al. O brincar para o desenvolvimento do esquema corporal, orientação espacial e temporal: análise de uma intervenção. **Caderno Brasileiro de Terapia Ocupacional**, São Carlos, v. 25, n. 2, p. 275-285, 2017. Disponível em: <http://www.cadernosdeterapiaocupacional.ufscar.br/index.php/cadernos/article/viewFile/996/843>. Acesso em: 25 maio 2019.

CARVALHO, L. **Ciro e o Império Persa**. Disponível em: <https://brasilescola.uol.com.br/historiag/ciro-imperio-persa.htm>. Acesso em: 25 maio 2019.

CATTEAU, R.; GAROFF, G. **O ensino da natação**. 3. ed. São Paulo: Manole, 1990.

CAVALCANTI, V.; BARBOSA, R. M. S. P. Perfil de envelhecentes praticantes de natação do projeto idoso feliz participa sempre. **Bius**, v. 4, n. 1, p. 3-16, 2013.

CAVALLARI, V. R.; ZACARIAS, V. **Trabalhando com recreação**. 10. ed. São Paulo: Ícone, 2008.

CAZELLI, S. et al. Tendências pedagógicas das exposições de um Museu de Ciência. In: ENCONTRO NACIONAL DE PESQUISA EM EDUCAÇÃO EM CIÊNCIAS, 2, Rio de Janeiro, 2002.

CBDA – Confederação Brasileira de Desportos Aquáticos. **Regras oficiais de maratona aquática 2017-2021**. Tradução de Ricardo Ratto. 1º fev. 2018a. Disponível em: <https://www.cbda.org.br/regraFinaMaratonas.pdf>. Acesso em: 13 jul. 2019.

_____. **Regras oficiais de nado artístico 2017-2021** (anteriormente chamado de "nado sincronizado"). Tradução de Mônica Rosas. 28 jun. 2018b. Disponível em: <http://www.cbda.org.br/_uploads/nado/RegrasOficiaisNadoArtistico2017_2021.pdf>. Acesso em: 25 maio 2019.

_____. **Regras oficiais de natação 2017-2021**. Tradução de Renato Barroso. 1º fev. 2018c. Disponível em: <https://www.cbda.org.br/_uploads/natacao/RegrasOficiaisNatacao2017_2021.pdf>. Acesso em: 25 maio 2019.

_____. **Regras oficiais de saltos ornamentais 2017-2021**. Tradução de Fernando Telles Ribeiro. 22 fev. 2018d. Disponível em: <https://www.cbda.org.br/_uploads/saltos/RegrasOficiaisSaltosOrnamentais2017_2021.pdf>. Acesso em: 25 maio 2019.

CES CESJF. **Matéria natação para adultos**. 12 jan. 2011. Disponível em: <https://www.youtube.com/watch?v=B6JKT85g1n0>. Acesso em: 25 maio 2019.

CHIESI, F. **Saída borboleta**. 26 dez. 2013. Disponível em: <https://www.youtube.com/watch?v=n1WfMPbLEdw>. Acesso em: 25 maio 2019.

CIDADE NA TV. **Benefícios da natação na terceira idade**. 6 jan. 2015. Disponível em: <https://www.youtube.com/watch?v=0cAvb2funUs>. Acesso em: 25 maio 2019.

CORRÊA, C. R. F.; MASSAUD, M. G. **Natação na pré-escola**. Rio de Janeiro: Sprint, 2004.

DAMASCENO, L. G. **Natação, psicomotricidade e desenvolvimento**. Campinas: Autores Associados, 1997.

_____. **Natação para bebês**: dos conceitos fundamentais à prática sistematizada. Rio de Janeiro: Sprint, 1994.

DEMO, P. **Desafios modernos da educação**. 2. ed. Petrópolis: Vozes, 1993.

DEVIDE, F. P.; VOTRE, S. J. A representação social de nadadores másters sobre a sua prática competitiva da natação. **Revista Brasileira de Ciências do Esporte**, v. 21, n. 2, p. 56- 64, jan./maio 2000.

DOURADO, F. L. M. **A contribuição da natação para o desenvolvimento da psicomotricidade infantil**. Luziânia: Unidesc, 2014.

DRUMMOND, L. N. **Perfil fisiológico do nado sincronizado**. Monografia (Bacharelado em Educação Física) – Universidade Federal de Minas Gerais, Belo Horizonte, 2011.

DUZZI, M. H. B.; RODRIGUES, S. D.; CIASCA, S. M. Percepção de professores sobre a relação entre desenvolvimento das habilidades psicomotoras e aquisição da escrita. **Revista Psicopedagogia**, São Paulo, v. 30, n. 92, p. 121-128, 2013.

EDUCAÇÃO FÍSICA ESCOLAR. **Plano de aula para natação**. 31 dez. 2012. Disponível em: <http://profpriedf.blogspot.com/2012/12/plano-de-aula-para-natacao.html>. Acesso em: 25 maio 2019.

EDUCAÇÃO FÍSICA. **Planejamento de hidroginástica**. 19 jan. 2012. Disponível em: <https://pt.scribd.com/document/362391370/Educacao-Fisica-Planejamento-de-Hidroginastica>. Acesso em: 25 maio 2019.

EISENSTEIN, E. Adolescência: definições, conceitos e critérios. **Adolescência & Saúde**, v. 2, n. 2, jun. 2005. Disponível em: <http://www.adolescenciaesaude.com/detalhe_artigo.asp?id=167>. Acesso em: 25 maio 2019.

ESPORTESMAIS. **História do biribol**. Disponível em: <https://esportesmais.webnode.com.br/products/historia-do-biribol/>. Acesso em: 25 maio 2019.

FERNÁNDEZ. F. A. **Didáctica y optimización del proceso de enseñanza-aprendizaje**. La Habana: Instituto Pedagógico Latinoamericano y Caribeño, 1998.

FERREIRA, A. B. H. **Dicionário Aurélio da Língua Portuguesa**. 5. ed. Rio de Curitiba: Positivo, 2010.

FERREIRA, F. G. Natação para bebês. **Guia do bebê**. Disponível em: <https://www.guiadobebe.com.br/natacao-para-bebes/>. Acesso em: 25 maio 2019.

FERREIRA, T. G.; ALCARAZ, K. G. **02 anos a 06 anos**: adaptação e iniciação à aprendizagem. Curitiba, 2007. Disponível em: <http://www.acquakids.com/natacao.php#3>. Acesso em: 16 jan. 2018.

FIGUEIREDO, S. A. **Hidroginástica**. Rio de Janeiro: Sprint, 1999.

FLOSE, T. **Virada simples do nado medley com Gustavo Borges**. 5 nov. 2014. Disponível em: <https://www.youtube.com/watch?v=Jy81hHl1XSw>. Acesso em: 25 maio 2019.

FOGAÇA, J. R. V. **Teoria dos quatro elementos**. Disponível em: <https://mundoeducacao.bol.uol.com.br/quimica/teoria-dos-quatro-elementos.htm>. Acesso em: 25 maio 2019.

FONTAINE, R. **Psicologia do envelhecimento**. Lisboa: Climepsi, 2002.

FONTANELLI, M. S.; FONTANELLI, J. A. **Natação para bebês (entre o prazer e a técnica)**. São Paulo: Ground, 1985.

FRAGA, M. **Conheça as diferentes modalidades de ginástica aquática da bodytech**. 17 nov. 2017. Disponível em: <https://blog.bodytech.com.br/conheca-as-diferentes-modalidades-de-ginastica-aquatica-da-bodytech/>. Acesso em 10 jul. 2019.

FRAGOMENI, G. K. **Relações e possibilidades da educação física na prática da natação em águas abertas**. 49 f. Trabalho de Conclusão de Curso do Centro de Desportos (CDS) da Universidade Federal de Santa Catarina (UFSC), 2017.

FREIRE, M. Tim-bum: mergulhando no lúdico. In: SCHWARTZ, G. M. (Org.). **Dinâmica lúdica**. São Paulo: Manole, 2004. p. 131-146.

FREIRE, P. **Pedagogia da autonomia**: saberes necessários à prática educativa. Rio de Janeiro: Paz e Terra, 1996.

FREITAS, L.F. **Aprenda a fazer saída de costas**. 13 dez. 2011. Disponível em: <https://www.youtube.com/watch?v=GAf1zzYz9NY>. Acesso em: 25 maio 2019.

GADOTTI, M. **Convite à leitura de Paulo Freire**. São Paulo: Scipione, 1999.

GEIS, P. P. **Atividade física e saúde na 3ª idade**. Porto Alegre: Artmed, 2003.

GOELLNER, S. **O método francês e a educação física no Brasil**: da caserna à escola. 214 f. Dissertação (Mestrado em Educação Física) – Universidade Federal do Rio Grande do Sul, Porto Alegre, 1992.

GOMES, A. C. **O brincar e a psicomotricidade**. 47 f. Monografia (Pós-graduação em Psicomotricidade) – Universidade Cândido Mendes, Rio de Janeiro, 2007.

GOMES, C. U. B. **Fatores motivacionais para aderência e permanência dos indivíduos para praticar natação**. Trabalho de conclusão de curso. Porto Velho, 2009.

GONÇALVES, F. **Do andar ao escrever**: um caminho psicomotor. São Paulo: Cultural RBL, 2011.

GONÇALVES, V. L. **Treinamento em hidroginástica**. São Paulo: Ícone, 1996.

GRASSI, M. T. As águas do planeta Terra. **Cadernos Temáticos de Química Nova na Escola**, maio 2001. Disponível em: <http://qnesc.sbq.org.br/online/cadernos/01/aguas.pdf>. Acesso em: 25 maio 2019.

GROLL, M. V. História da natação sincronizada. **Casal Travinha Esportes**, 16 ago. 2011a. Disponível em: <http://travinha.com.br/2011/08/16/natacao-sincronizada-a-historia/>. Acesso em: 25 maio 2019.

GROLL, M. V. História dos saltos ornamentais. **Casal Travinha Esportes**, 18 jul. 2011b. Disponível em: <http://travinha.com.br/2011/07/18/saltos-ornamentais-a-historia/>. Acesso em: 25 maio 2019.

_____. Normas e regras dos saltos ornamentais. **Casal Travinha Esportes**, 15 ago. 2011c. Disponível em: <http://travinha.com.br/2011/08/15/saltos-ornamentais-normas-e-regras/>. Acesso em: 25 maio 2019.

GRUTKA, C. J.; BARBOSA, D.; RODRIGUES, J. F. Importância do brincar na aprendizagem das aulas de natação para crianças entre 5 e 6 anos. In: 2º ENCONTRO MISSIONÁRIOS DE ESTUDOS INTERDISCIPLINARES EM CULTURA, 25 e 26 ago. 2016, São Luiz Gonzaga. Disponível em: <http://omicult.org/emicult/anais/wp-content/uploads/2016/11/IMPORT%C3%82NCIA-DO-BRINCAR-NA-APRENDIZAGEM-DAS-AULAS-DE-NATA%C3%87%C3%83O-PARA-CRIAN%C3%87AS-ENTRE-5-E-6-ANOS-2.pdf>. Acesso em: 25 maio 2019.

GUIMARÃES, M. S. **Biblioteca de aulas práticas e planos de aula**. 10 dez. 2008. Disponível em: <https://www.cdof.com.br/aulas9.htm>. Acesso em: 25 maio 2019.

GUTIERRES FILHO, P. **A psicomotricidade relacional em meio aquático**. Barueri: Manole, 2003.

HELLSTEDT, C. Invisible Players: a Family Systems Model. In: MURPHY, S. M. (Ed.). **Sport Psychology Interventions**. Champaign: Human Kinetics, 1995. p. 117-146.

HERRERA. P. **Metodologia do ensino da natação**. Disponível em: <http://cev.org.br/comunidade/maranhao/debate/metodologia-do-ensino-da-natacao/>. Acesso em: 25 maio 2019.

INTELIGÊNCIA ESPORTIVA. **Saltos ornamentais**. Disponível em: <http://www.inteligenciaesportiva.ufpr.br/site_api/arquivos/saltos-ornamentais.pdf>. Acesso em 20 nov. 2019.

JAEGER, W. W. **Paideia**: a formação do homem grego. São Paulo: M. Fontes, 2001.

JONES, F.; LINDEMAN, J. **The Components of Synchronized Swimming**. New Jersey: Prentice-Hall, 1975.

KISOL PISCINAS. **Jogos para brincar na piscina**! Disponível em: <http://www.kisolpiscinas.com.br/post/jogos-para-brincar-na-piscina>. Acesso em: 25 maio 2019.

KRUEL, L. F. M. **Peso hidrostático e frequência cardíaca em pessoas submetidas a diferentes profundidades de água**. Dissertação (Mestrado em Ciência do Movimento Humano) – Universidade Federal do Rio Grande do Sul, Porto Alegre, 1994. (Dissertação não defendida).

LAWSON. H. **Invitation to Physical Education**. Tradução de Atílio de Nardi Alegre. Champaign: Human Kinetics Book, 1995.

LE BOULCH, J. **O desenvolvimento psicomotor**: do nascimento até os 6 anos. Porto Alegre: Artes Médicas, 1982.

LEITE, A. F. et al. **Natação**: conhecimento e formação do professor. Trabalho de Conclusão de Curso (Especialização em Natação e Hidroginástica) – Universidade Gama Filho, Rio de Janeiro, 2007.

LEITE, L.; ESTEVES, E. Ensino orientado para a Aprendizagem baseada na resolução de problemas na licenciatura em ensino da Física e Química. In: SILVA, B.; ALMEIDA, L. (Ed.). CONGRESSO GALAICO-PORTUGUÊS DE PSICOPEDAGOGIA. VIII., 2005, Braga. Anais... Braga: CIED Universidade do Minho, 2005, p. 1751-1768.

LENK, M. **Braçadas e abraços**. Rio de Janeiro: Gráfica Bradesco, 1986.

LIBÂNEO, J. V. **Didática**. São Paulo: Cortez, 1994.

LIMA, E. L. **A prática da natação para bebês**. Jundiaí: Fontoura, 2003.

____. **Jogos e brincadeiras aquáticas com materiais alternativos**. Jundiaí: Fontoura, 2000.

LIMA, W. U. **Ensinando natação**. 1. ed. São Paulo: Phorte, 1999.

____. **Ensinando natação**. 2. ed. São Paulo: Phorte, 2006.

____. **Ensinando natação**. 4. ed. São Paulo: Phorte, 2009.

LUCENA, N. M. G. et al. Estudo do desenvolvimento motor primário de crianças em idade escolar submetidas à avaliação psicomotora. **Arquivos de Ciências da Saúde**, v. 16, n. 3, p.120-126, jul./set. 2009.

MACIEL, M. G. Atividade física e funcionalidade do idoso. **Motriz**, Rio Claro, v. 16, n. 4, p. 1024-1032, out./dez. 2010.

MAGLISCHO, E. W. **Nadando o mais rápido possível**. 4. ed. São Paulo: Manole, 2010.

MANSOLDO, A. C. **Estudo comparativo da eficiência do aprendizado da natação (estilo crawl) entre crianças de três a oito anos de idade.** Dissertação (Mestrado em Educação Física) – Universidade de São Paulo, São Paulo, 1986.

MANSOLDO, A. C. **A iniciação dos 4 nados**. São Paulo: Ícone, 1996.

_____. **A iniciação dos 4 nados**. São Paulo: Ícone, 1999.

MARQUES, M. B. **Hidroginástica para instrutores**. São Paulo: Fitness Brasil, 1995.

MASSAUD, M. G.; CORRÊA, C. R. **Natação na idade escolar**. 2. ed. Rio de Janeiro: Sprint, 2004.

MATSUDO, S. M.; MATSUDO, V. K. R.; BARROS NETO, T. L. Efeitos benéficos da atividade física na aptidão física e mental durante o processo de envelhecimento. **Revista Brasileira de Atividade Física & Saúde**, v. 5, n. 2, p. 60-76, 2000.

MCCAULEY, W. **The Modern Breaststroke**. 1999. Disponível em: <http://www.spma.net/mbreast.htm>. Acesso em: em 10 jul. 2019.

MEINEL, K. **Motricidade II**: o desenvolvimento motor do ser humano. Rio de Janeiro: Ao Livro Técnico, 1984.

MELO, V. A. Enfrentando os desafios do mar: a natação no Rio de Janeiro do século XIX (anos 1850-1890). **Revista História**, São Paulo, n. 172, p. 299-334. jan./jun. 2015.

MENDES et al. A situação social do idoso no Brasil: uma breve consideração. **Acta Paulista de Enfermagem**, v. 18, n. 4, p. 422-426, 2005.

MERA, F. S. M. **Natação para bebês**: uma proposta pedagógica. 26 f. Monografia (Bacharelado em Educação Física) – Faculdade Estadual de Campinas, Campinas, 2002.

MEZZADRI, F. M. (Coord.). **Saltos ornamentais**. Disponível em: <http://www.inteligenciaesportiva.ufpr.br/site_api/arquivos/saltos-ornamentais.pdf>. Acesso em: 25 maio 2019.

MULLER, L. S. A interação professor-aluno no processo educativo. **Integração Ensino Pesquisa Extensão**, ano 8, n. 31, p. 276-280, 2002.

MURIANO, C. M.; OLIVEIRA, L. G. **Natação para bebês de 06 meses aos 3 anos**. 68 f. Trabalho de Conclusão de Curso (Licenciatura em Educação Física) – Universidade do Vale do Paraíba, São José dos Campos, 2015.

NAHAS, M. V. **Atividade física, saúde e qualidade de vida**: conceitos e sugestões para um estilo de vida ativo. 4. ed. Londrina: Midiograf, 2006.

NANDAKARI, K. **O perfil do bom professor de Educação Física na opinião dos alunos do ensino fundamental, do ensino médio e ingressantes e concluintes do curso de Licenciatura do IB-UNESP – Rio Claro, no ano de 2001**. Trabalho de Conclusão de Curso (Licenciatura em Educação Física) – Universidade Estadual Paulista, Rio Claro, 2001.

NATAÇÃO EM 1 MINUTO. **As saídas do estilo costas e nado livre!** 10 abr. 2016. Disponível em: <https://www.youtube.com/watch?v=Vp4FjX5v5hs>. Acesso em: 25 maio 2019.

NATAÇÃO ZEN. **Pernada do nado de peito** – visão submersa. 3 jun. 2016. Disponível em: <https://www.youtube.com/watch?v=lfAS5I6ovGU>. Acesso em: 25 maio 2019.

NEGRINE, A. **Aprendizagem e desenvolvimento infantil**. Porto Alegre: Propil, 1994.

NICOLINI, H. **Tietê**: o rio do esporte. São Paulo: Phorte, 2001.

NO LIMITS SPORT. **Acqua Circuit Training 1**. 2 maio 2008. Disponível em: <https://www.youtube.com/watch?v=o43e3sk_UAQ>. Acesso em: 25 maio 2019.

NOGUEIRA, M. D. G. R. **Organização e qualidade de programas para o desenvolvimento da maratona aquática de alto rendimento no Brasil**. 149 f. Dissertação (Mestrado em Educação Física e Esporte) – Universidade de São Paulo, São Paulo, 2014.

OLIVA, L. **Hidro Jump**. 8 out. 2011. Disponível em: <https://www.youtube.com/watch?v=7OFnGH5mK7Q>. Acesso em: 25 maio 2019.

OLIVEIRA, A. de; SILVA, L. A. da. **Natação estilo crawl**: uma sugestão de ensino para facilitar o aprendizado das aulas de natação. Disponível em: <http://periodicos.unesc.net/seminarioECPE/article/download/2142/2031>. Acesso em: 25 maio 2019.

OLIVEIRA, J. R.; GARCIA, R. R. Cinesioterapia no tratamento da incontinência urinária em mulheres idosas. **Revista Brasileira de Geriatria e Gerontologia**, Rio de Janeiro, v. 14, n. 2, p. 343-351, 2011.

OLIVEIRA, J. S. **A paideia grega**: a formação omnilateral em Platão e Aristóteles. 316 f. Tese (Doutorado em Ciências Humanas) – Universidade Federal de São Carlos, São Carlos, 2015.

PALMER, M. L. **A ciência do ensino da natação**. São Paulo: Manole, 1990.

PASETTO, S. C. et al. Efeitos do foco de atenção no desempenho do nado crawl: componentes posição do corpo e respiração. **Brazilian Journal of Motor Behavior**, v. 6, n. 1, p. 31-36, 2011.

PAULA, J.F. **Virada de borboleta**. 13 abr. 2011. Disponível em: <https://www.youtube.com/watch?v=XE4d_T1JQkE>. Acesso em: 25 maio 2019.

PENHA, J. B. B.; ROCHA, M. D. L. C. **A influência da psicomotricidade na educação infantil**. Rio de Janeiro: Universidade Candido Mendes, 2010.

PEREIRA, M. D. Brincando com a água: a aprendizagem da natação. In: NISTA-PICCOLO, V. L. (Org.). **Pedagogia dos esportes**. Campinas: Papirus, 1999. p. 35-54.

PIRES, T. S. et al. **Idosos**: a recreação na terceira idade. 17 jan. 2009. Disponível em: <https://www.cdof.com.br/idosos3.htm>. Acesso em: 25 maio 2019.

PORTAL DA EDUCAÇÃO FÍSICA. **Natação**: ensinando a filipina. 25 jul. 2013. Disponível em: <http://www.educacaofisica.com.br/noticias/natacao-ensinando-a-filipina>. Acesso em: 25 maio 2019.

PORTAL SÃO FRANCISCO. **Biribol**. Disponível em: <http://www.portalsaofrancisco.com.br/esportes/biribol>. Acesso em: 25 maio 2019a.

_____. **Nado de peito**. Disponível em: <https://www.portalsaofrancisco.com.br/esportes/nado-de-peito>. Acesso em: 10 jul. 2019b.

POR VOCÊ – conheça os benefícios da hidroginástica para gestante. 13 maio 2017. Disponível em: <https://www.youtube.com/watch?v=5srsEhGbKY4>. Acesso em: 25 maio 2019.

PRADO, L. **Adaptação ao meio líquido**. 5 jul. 2002. Disponível em: <http://www.aquabarra.com.br/artigos/adaptacao/ADAPTACAO_AO_MEIO_LIQUIDO.pdf>. Acesso em: 10 abr. 2018.

PUSSIELDI, A. **Tipos de respiração no nado crawl**. 4 nov. 2007. Disponível em: <http://www.bestswim.com.br/2007/11/04/tipos-de-respirao-no-nado-crawl-7536/>. Acesso em: 10 jun. 2018.

QUEIROZ, C. A. **Recreação aquática**. 2. ed. Rio de Janeiro: Sprint, 2000.

RAIA 45. **3 dicas para melhorar o nado borboleta!!** Natação. 8 out. 2015. Disponível em: <https://www.youtube.com/watch?v=TRyNIJA-Dkk>. Acesso em: 25 maio 2019.

_____. **Aprenda o nado peito!!** Natação. 30 nov. 2015. Disponível em: <https://www.youtube.com/watch?v=HUcgmwAitMo>. Acesso em: 25 maio 2019.

RAIA OITO. **Vídeo mostra como se ensinava a nadar na década de 1930**. 22 abr. 2018. Disponível em: <http://www.raiaoito.com.br/2018/04/video-mostra-como-se-ensinava-nadar-na-decada-de-1930/>. Acesso em: 25 maio 2019.

RAMOS, A. T. **3ª idade e atividade física**. 3. ed. Rio de Janeiro: Sprint, 1997.

REZENDE, L. A. de. O processo ensino-aprendizagem: reflexões. **Semina: Ciências Sociais e Humanas**, Londrina, v. 19/20, n. 3, p. 51-56, set. 1998/1999. Disponível em: <http://www.uel.br/revistas/uel/index.php/seminasoc/article/viewFile/9489/8295>. Acesso em: 25 maio 2019.

REZENDE, D. M. S. **Sentidos e significados da promoção da saúde na educação física escolar**. 38 f. Trabalho de Conclusão do Curso de Licenciatura em Educação Física – Universidade Federal de Goiás, Unidade Universitária Polo de Uruana. Uruana, 2013.

RIBEIRO, I. V.; ALVES, J. C. B.; FERREIRA, J. C. M. **Recreação aquática**: dos 8 aos 80 anos. Boa Vista: Ed. da UFRR, 2010.

ROCHA, J. **Hidroginástica**: teoria e prática. 4. ed. Rio de Janeiro, Sprint, 2001.

ROSSI, Juliano. **Conheça os benefícios da hidroginástica para a saúde**. 13 mar. 2011. Disponível em: <https://www.youtube.com/watch?v=gP9pwiWpapU>. Acesso em: 25 maio 2019.

ROXANA BRASIL. **História da natação**: início, evolução, benefícios, modalidades, recreação. 12 jan. 2010. Disponível em: <http://roxanabrasil.com.br/artigos/historia-da-natacao-inicio-evolucao-beneficios-modalidades-recreacao/>. Acesso em: 25 maio 2019.

SAAVEDRA, J. M.; ESCALANTE, Y; RODRÍGUEZ F. A. La evolución de la natación. **EFDeportes**, Buenos Aires, ano 9, n. 66, nov. 2003.

SAE, P. C. **Aprendizagem na modalidade saltos ornamentais**: uma proposta de ensino através da ginástica artística. 130 f. Trabalho de Conclusão de Curso (Graduação em Educação Física) – Universidade Estadual de Campinas, Campinas, 2005.

SANTOS, M. A. M. dos; MAFRA, J. M. **Metodologia da natação**: analisando os métodos, princípios e conteúdos de ensino. Disponível em: <http://www.cbce.org.br/docs/cd/resumos/333.pdf>. Acesso em: 25 maio 2019.

SARMENTO, P.; MONTENEGRO, M. **Adaptação ao meio aquático**: um projecto educativo. Lisboa: Edições A. P. T. N., 1992.

SHARK, P. **Técnica do nado crawl**. 19 abr. 2017. Disponível em: <https://www.youtube.com/watch?v=Tv93rqeem9I>. Acesso em: 25 maio 2019.

SHAW, S.; D'ANGOUR, A. **A arte de nadar**: novos rumos com a técnica de Alexander. Barueri: Manole, 2001.

SIKANA BRASIL. **Costas**: exercícios de braços 2 – natação. 1º. jan. 2017. Disponível em: <https://www.youtube.com/watch?v=MzttJKxgqE4>. Acesso em: 25 maio 2019.

_____. **Costas**: trabalho de pernas – natação. 28 dez. 2016. Disponível em: <https://www.youtube.com/watch?v=lWR1ahD2Qfs>. Acesso em: 25 maio 2019.

_____. **Crawl**: movimento dos braços – natação. 28 dez. 2016. Disponível em: <https://www.youtube.com/watch?v=B6xEer4vst4>. Acesso em: 25 maio 2019.

_____. **Peito**: fazer uma virada – natação. 9 jan. 2017. Disponível em: <https://www.youtube.com/watch?v=P7oFDHrI1uU>. Acesso em: 25 maio 2019.

_____. **Crawl**: aprender a respirar. Disponível em: <https://www.sikana.tv/pt/sport/front-crawl/how-to-breathe-while-swimming>. Acesso em: 25 maio 2019.

_____. **Peito**: aprender a técnica básica. Disponível em: <https://www.sikana.tv/pt/sport/breaststroke/learn-the-basic-swimming-strokes>. Acesso em: 25 maio 2019.

_____. **Peito**: melhorar o trabalho de braço. Disponível em: <https://www.sikana.tv/pt/sport/breaststroke/swimming-improve-your-arm-movements>. Acesso em: 25 maio 2019.

SIKANA. **Peito**: melhorar o trabalho de pernas. Disponível em: <https://www.sikana.tv/pt/sport/breaststroke/swimming-improve-your-leg-movements>. Acesso em: 25 maio 2019.

SIKANA. **Peito**: sincronizar movimentos de braços e pernas. Disponível em: <https://www.sikana.tv/pt/sport/breaststroke/synchronise-your-arm-strokes-and-leg-kicks>. Acesso em: 25 maio 2019.

SILVA, A. O.; SANTOS, V. R.; BORRAGINE, S. O. F. Fatores motivacionais que justificam a prática de natação por adolescentes e adultos. **EFDeportes**, Buenos Aires, ano 18, n. 182, jul. 2013.

SILVA, L. S.; TEIXEIRA, C. S. Propostas metodológicas para o ensino das saídas de agarre e de atletismo para provas de velocidade na natação. **EFDeportes**, Buenos Aires, v. 17, n. 170, jul. 2012.

SILVA, S. O. C. **Concepção docente sobre avaliação qualitativa**: critérios e indicadores priorizados. Dissertação (Mestrado em Ciências da Educação) – Universidade Internacional de Lisboa, Lisboa, 2005.

SILVA, T. A. C. et al. **A influência do lúdico na aprendizagem do nado crawl para crianças de 5 e 6 anos**. Disponível em: <http://www.tiagoaquinopacoca.com.br/wp-content/uploads/2014/11/45-A-influ%C3%AAncia-do-l%C3%BAdico-na-aprendizagem-do-nado-crawl-para.pdf>. Acesso em: 3 fev. 2018.

SILVER, K. Adolescência agora vai até os 24 anos de idade, e não só até os 19, defendem cientistas. **BBC**, 19 jan. 2018. Disponível em: <https://www.bbc.com/portuguese/geral-42747453>. Acesso em: 25 maio 2019.

SIQUEIRA, L. A. **Água fonte da vida**. 54 f. Monografia (Pós-graduação em Ensino de Ciências) – Universidade Tecnológica Federal do Paraná, Medianeira, 2011.

SOARES, A. J. G. "Jovens-velhos" esportistas eternamente? **Movimento**, Porto Alegre, v. 2, n. 3, p. 17-26, 1995.

SOARES, C. L. **Educação no corpo**: estudo a partir da ginástica francesa no século XIX. Campinas: Autores Associados, 1998.

SOARES, N. da S.; SANTOS, Z. A. dos. A visão dos alunos da terceira idade sobre a natação recreativa. **EFDeportes**, Buenos Aires, ano 14, n. 142, mar. 2010. Disponível em: <https://www.efdeportes.com/efd142/a-visao-dos-alunos-da-terceira-idade.htm>. Acesso em: 25 maio 2019.

SOSA, K. E. H. **Cultura escolar e cultura popular**: jogos e brincadeiras no ensino fundamental I. 191 f. Dissertação (Mestrado em Administração Escolar) – Escola Superior de Educação Almeida Garrett, Lisboa, 2017.

SOUTO, V. B. Flamengo decreta luto oficial por Maria Lenk. **UOL Esporte**, Rio de Janeiro, 16 abr. 2007. Disponível em: <https://esporte.uol.com.br/futebol/ultimas/2007/04/16/ult59u118385.jhtm>. Acesso em: 25 maio 2019.

SOUZA, F. R. et al. **Um breve estudo sobre o nado borboleta**. Disponível em: <https://www.fara.edu.br/sipe/index.php/anuario/article/download/130/116>. Acesso em: 25 maio 2019.

SOVA, R. **Ejercicios acuáticos**. Barcelona: Paidotribo, 1993.

STRACHAN, A. **Por dentro das Olimpíadas**: maratonas aquáticas. 19 jun. 2016. Disponível em: <https://www.youtube.com/watch?v=52JNBAL4OnQ>. Acesso em: 08 jul. 2019.

SWIM CHANNEL. **Técnica do nado borboleta**. 19 maio 2017. Disponível em: <https://www.youtube.com/watch?v=JeTZDiPbFUA>. Acesso em: 25 maio 2019.

TAHARA, A. K. O elemento lúdico presente em escolas de natação para crianças. **Revista Fafibe**, n. 3, ago. 2007.

TEIXEIRA, G. **Caracterização e comparação cinemática de movimentos básicos de hidroginástica a diferentes ritmos de execução**. Dissertação (Mestrado em Ciências do Desporto) – Universidade de Trás-os-Montes e Alto Douro, Vila Real, 2010.

THOMAS, D. G. **Natação**: etapas para o sucesso. 2. ed. Barueri: Manole, 1999.

TIBERY, F. **Natação 2015 "Braçada peito"**. 1º. set. 2016. Disponível em: <https://www.youtube.com/watch?v=51lXkMq8SgQ>. Acesso em: 25 maio 2019.

TINTI, S.; LAZZERI, T. Crianças que praticam natação têm melhor desenvolvimento motor. **Revista Crescer**, n. 198, maio 2010.

TV GAZETA – VITÓRIA. **Incentivo à natação máster**. Disponível em: <https://www.youtube.com/watch?v=L_D7KUAht50>. Acesso em: 25 maio 2019.

TV UNIVERSITÁRIA DE UBERLÂNDIA. **Natação idosos**. 14 abr. 2011. Disponível em: <https://www.youtube.com/watch?v=kuWK6SdOsYc>. Acesso em: 25 maio 2019.

TVSPORTTIME. **Natação de alto rendimento para adolescentes**. 6 abr. 2014. Disponível em: <https://www.youtube.com/watch?v=E2hJiN11pgU>. Acesso em: 25 maio 2019.

_____. **Natação na terceira idade**. 8 dez. 2014. Disponível em: <https://www.youtube.com/watch?v=bVEzOLYHlTc&t=53s>. Acesso em: 25 maio 2019.

UNIMED FORTALEZA. **Benefícios da natação para adultos e crianças** – saúde e bem-estar. 29 dez. 2012. Disponível em: <https://www.youtube.com/watch?v=JsU22F_-yIM>. Acesso em: 25 maio 2019.

VALPORTO, O. **Atleta, substantivo feminino: as mulheres brasileiras nos Jogos Olímpicos**. Rio de Janeiro: Casa da Palavra, 2006.

VALPORTO, O. **Natação**. Disponível em: <http://www.tecsi.fea.usp.br/eventos/Contecsi2004/BrasilEmFoco/port/artecult/esporte/modalesp/natacao/index.htm>. Acesso em: 25 maio 2019.

VEIGA, W. **Vídeo Paulinho técnica de nado e saída nado peito**. 7 abr. 2012. Disponível em: <https://www.youtube.com/watch?v=rto91XbyaPs>. Acesso em: 25 maio 2019.

VELASCO, C. G. **Natação segundo a psicomotricidade**. Rio de Janeiro: Sprint, 1997.

VELASCO, C. G.; BERNINI, R. **Boas práticas psicomotoras aquáticas**. São Paulo: Phorte, 2011.

VENDITTI JUNIOR, R.; SANTIAGO, V. Ludicidade, diversão e motivação como mediadores da aprendizagem infantil em natação: propostas para iniciação em atividades aquáticas com crianças de 3 a 6 anos. **EFDeportes**, Buenos Aires, ano 12, n. 117, fev. 2008. Disponível em: <http://www.efdeportes.com/efd117/iniciacao-em-atividades-aquaticas-com-criancas-de-3-a-6-anos.htm>. Acesso em: 25 maio 2019.

VOCÊ BONITA. **Acqua Spin**: aula de ciclismo aquático. 14 fev. 2013. Disponível em: <https://www.youtube.com/watch?v=kM9MP4NRREs>. Acesso em: 25 maio 2019.

WHITE, M. D. **Exercícios na água**. Barueri: Manole, 1998.

WHO – World Health Organization. **Envelhecimento ativo**: uma política de saúde. Tradução de Suzana Gontijo. Brasília: Organização Pan-Americana da Saúde, 2005.

_____. **Young People's Health**: a Challenge for Society. Report of a WHO Study Group on Young People and Health for All. Technical Report Series, Geneva, n. 731, 1986.

WOOLFOLK, A. **Psicologia da educação**. 7. ed. Porto Alegre: Artmed, 2000.

XAVIER, E. M.; BELLIDO, N. F.; ALMEIDA, M. A. B. de. Nado sincronizado: tipos de movimentos e evolução histórica. **EFDeportes.com**, Buenos Aires, ano 18, n. 181, jun. 2013. Disponível em: <https://www.efdeportes.com/efd181/nado-sincronizado-evolucao-historica.htm>. Acesso em: 8 jul. 2019.

ZAMBELLI, T. M.; STIGGER, M. P. Natação máster é séria e/ou divertida? Lazer, diversidade e significados. In: CONBRACE, Vitória, n. 19, 2015.

ZANELI, H. **Nado crawl, nado costas**. 4 dez. 2016. Disponível em: <https://www.youtube.com/watch?v=olM2aFyAyVk>. Acesso em: 25 maio 2019.

Bibliografia comentada

FIGUEIREDO, P. A. P. (Org.). **Bebês e crianças**: reflexões da Academia Brasileira de Profissionais de Natação Infantil. Uberlândia: Z3, 2017.

Esse livro foi desenvolvido pelo Instituto de Natação Infantil (Inati), criador da Academia Brasileira de Profissionais da Natação Infantil. Nela, os profissionais se reúnem para discutir temas relevantes para o processo de aprendizagem da natação. Nessa obra, o professor Figueiredo reuniu um grupo de profissionais para apresentar as melhores práticas, ferramentas e conceitos sobre a natação infantil. A leitura dessa obra é importante para adquirir conhecimentos novíssimos sobre a natação infantil.

FONTANELLI, M. S.; FONTANELLI, J. A. **Natação para bebês (entre o prazer e a técnica)**. São Paulo: Ground, 1985.

O casal Fontanelli, autor do livro, apresenta uma perspectiva de conhecimento do bebê. Apesar de antiga, trata-se de uma leitura inicial importante para aqueles que pretendem trabalhar com bebês. Escrito sem pretensões pedagógicas, apresenta uma belíssima narrativa de vivências que resultaram no formato como pensam o ensino da natação para bebês. Aborda instrumentos teóricos e práticos sobre o processo de ensinar, que nos aproximam do processo maturacional e nos fazem pensar sobre a segurança do bebê, além a perspectiva do bebê com seus pais.

LIMA, E. L. **Jogos e brincadeiras aquáticas com materiais alternativos**. Jundiaí: Fontoura, 2000.

O professor Edson Luiz Lima possui uma vasta experiência no campo aquático. Mestre em Educação Física e Saúde, tem experiência como técnico esportivo de alto rendimento. Quando resolveu deixar as competições, dedicou-se a processos de aprendizagem a partir de sua escola de natação na cidade de Ourinhos, em São Paulo. Seu livro sugere vários jogos e brincadeiras, fruto de suas experiências de ensino, e nos inspiram a também desenvolver atividades com materiais alternativos. O leitor poderá criar, adaptar e reinventar brincadeiras e jogos, de forma a criar suas próprias estratégias de ensino.

LIMA, W. U. **Ensinando natação**. 2. ed. São Paulo: Phorte, 2006.

Willian Urizzi Lima é professor universitário. Foi técnico da seleção brasileira de natação e psicólogo clínico. Devido à sua vasta experiência, esse livro passou a ser uma leitura obrigatória. Muito do processo metodológico apresentado na obra é resultado de experiências do autor ao longo de sua vida profissional. Entre as temáticas mais importantes para a compreensão do processo de ensino-aprendizagem da natação, Lima disserta sobre maturação, aprendizagem, ensino de estilos, métodos e níveis de aprendizagem. Além disso, introduz diferentes abordagens pedagógicas do ensino da natação, de forma didática e bem ilustrada.

MAGLISCHO, E. W. **Nadando o mais rápido possível**. 4. ed. São Paulo: Manole, 2010.

Ernest Maglischo foi treinador de natação por 38 anos. Além de trabalhar em quatro universidades americanas e dois clubes de natação, recebeu o prêmio de maior prestígio para um treinador da modalidade, o *National Collegiate and Scholastic Swimming Trophy*. Por muito tempo, foi chamado de *papa da natação*. Seu livro é considerado leitura obrigatória, principalmente para quem deseja atuar como técnico. Muitos treinadores consideram este um dos melhores livros já escritos sobre a profissão, pois reúne assuntos sobre a base fisiológica para métodos de treinamento, além do ensino e análise criteriosa dos quatro nados. Traz várias ilustrações que ajudam na compreensão das temáticas apresentadas, além de diversos exercícios para treinamento e aperfeiçoamento.

GREGUOL, Márcia. **Natação Adaptada: Em Busca Do Movimento Com Autonomia**. Manole, 2010.

Esse livro oferece subsídios aos professores que trabalham com natação e querem trabalhar com atividade física adaptada, reabilitação e educação especial. Ele aborda de forma clara questões referentes às adaptações necessárias a cada aluno, à acessibilidade e à segurança nas piscinas.

COSTA, P. H. L. (Org). **Natação e atividades aquáticas**. Manole, 2009.

Este livro, organizado pela professora Paula Costa, fornece subsídios sobre um conjunto de atividades aquáticas que possam levar os leitores a entender os benefícios do meio aquático para o desenvolvimento humano. Ele traz como base a relação de pesquisas de caráter pedagógico aliada ao conhecimento cientifico.

Respostas

Capítulo 1

Atividades de autoautovaliação

1. b
2. c
3. b
4. c
5. e

Capítulo 2

Atividades de autoautovaliação

1. e
2. b
3. d
4. c
5. b

Capítulo 3

Atividades de autoautovaliação

1. e
2. a
3. b
4. b
5. d

Capítulo 4

Atividades de autoautovaliação

1. a
2. c
3. b
4. d
5. b

Capítulo 5

Atividades de autoautovaliação

1. a
2. c
3. e
4. b
5. c

Capítulo 6

Atividades de autoautovaliação

1. b
2. a
3. d
4. c
5. d

Sobre a autora

Morgana Claudia da Silva é professora no Centro de Educação Física, no Departamento de Estudos do Movimento Humano (EMH), no curso de Licenciatura e no Departamento de Educação Física (DEF) da Universidade Estadual de Londrina (UEL). É doutora (2017) e mestre (2012) em Educação Física pelo Programa Associado UEL/UEM. É especialista (1990) em Ciência e Técnica da Natação pela Faculdade de Filosofia, Ciências e Letras de Arapongas (Faficla).

Foi técnica de natação da equipe principal de Foz do Iguaçu, no Paraná. Fez parte do Conselho Técnico da Federação de Desportos Aquáticos do Paraná. Foi ainda técnica da seleção brasileira universitária, da equipe feminina da Federação de Desportos Aquáticos do Paraná e da equipe máster de natação da Associação Cultural e Esportiva de Londrina (Acel) e do Londrina Country Clube.

Faz parte do grupo de pesquisa do Núcleo de Estudos de Educação Física, Esportes e Lazer (Nefel) da UEL.

Os papéis utilizados neste livro, certificados por instituições ambientais competentes, são recicláveis, provenientes de fontes renováveis e, portanto, um meio responsável e natural de informação e conhecimento.

Impressão: Reproset
Julho/2023